LOW CARB FÜR BERUFSTÄTIGE:

Das Low Carb Kochbuch mit 133 Low Carb Rezepten. Für Einsteiger, Berufstätige und Faule.

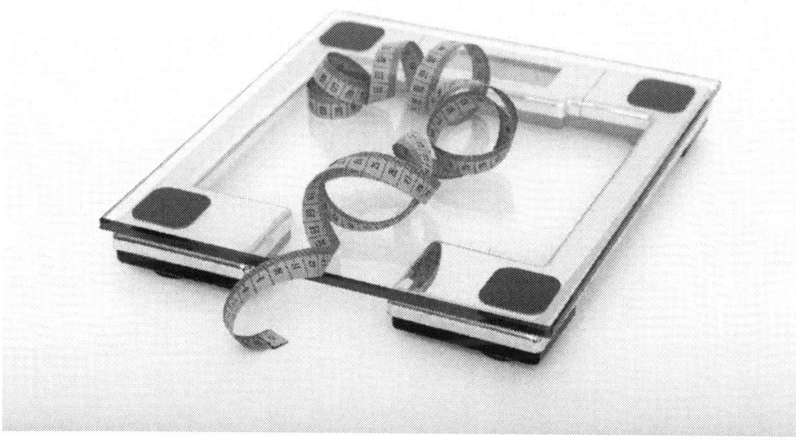

IHR 30 Tage Low Carb Ernährungsplan

Team Vital

Inhalt

Hinweis bevor es losgeht *– warum sind keine bzw. wenige Fotos im Buch?*

Viele werden sich fragen, warum dieses Buch ohne bunte Fotos angeboten wird. Dies ist ganz einfach erklärt. Fotos sind ein hoher Kostenpunkt, den der Endkunde zu tragen hätte. Ein Rezeptbuch mit Hochglanzfotos würde einen Preis von mehr als 20 Euro haben. Wir möchten unseren Lesern jedoch günstige Buchpreise bieten, deshalb haben wir bewusst auf bunte Hochglanzfotos verzichtet.

In vielen Ratgebern handelt es sich ohnehin stets um Beispielbilder. Mit Foodstylisten, die zusätzlich Geld kosten, kann alles wunderbar dargestellt werden. Generell sieht ein Gericht zu Hause immer anders aus, als auf bunten Hochglanzbildern versprochen. Diese Enttäuschung möchten wir unseren Lesern ersparen und punkten mit innovativen und besonders leckeren Ideen. Zudem ist es bedeutend umweltschonender, auf den Druck von Bildern zu verzichten. Ein Punkt, der in der heutigen Zeit immer mehr an Wichtigkeit gewinnt. Nun möchten wir euch aber nicht mehr auf die Folter spannen. Wir wünschen euch gutes Gelingen und viel Spaß beim Kochen.

Vorwort

Für das Durchhalten einer Diät gibt es immer einige Störfaktoren. Auf Dauer ist es lästig, ständig Kalorien zu zählen und nach speziellen, ausgefallenen Zutaten zu suchen. Zudem sind viele Diät-Rezepte kompliziert und viele haben einfach nicht die Zeit und Lust, stundenlang in der Küche zu stehen, nur um gesund zu kochen. Mit diesem Low Carb Kochbuch möchten wir Ihnen viele tolle Rezepte vorstellen, die sowohl schnell zu zaubern sind, und für die auch keine außergewöhnlichen Zutaten benötigt werden. Diese Low Carb Rezepte sind somit absolut alltagstauglich - und schmecken zudem wirklich lecker.

In diesem Diät Kochbuch finden Sie viele Vorschläge für Frühstück, Mittagessen, Abendessen und Snacks. Zudem haben wir auch noch einige Desserts vorbereitet, denn auch Schleckermäuler sollten während der Diät nicht zu kurz kommen. Zudem ist diese Diät- Kochbuch sehr einfach aufgebaut. Aus den verschiedensten Rubriken suchen Sie sich jeden Tag ein passendes Gericht für morgens, mittags und abends aus. So können Sie immer auswählen, worauf Sie gerade Lust haben und sind somit keiner strengen Regel unterworfen.

Häufig scheitern Diäten auch an der Kasteiung und an den Verboten. Je mehr man sich verbietet, und je strenger und karger die Diät aufgebaut ist, umso schneller kommt es zu Heißhunger- attacken und kleinen Sünden. Mit der Low Carb Diät aber ist dieser Störfaktor so gut wie eliminiert. Sie können sich richtig satt essen und werden kaum bemerken, dass Sie sich auf Diät befinden. Trotzdem purzeln die Pfunde und Sie fühlen sich im Nu fit und vital.

Wie funktioniert eine Low Carb Diät?

Der einzige Verzicht während dieser Diät betrifft die Kohlenhydrate. Es gibt während der Low Carb Diät kein Brot und Gebäck aus Weißmehl und auch auf Pasta und Reis wird verzichtet. Natürlich ist auch Zucker ein absolutes No-Go, wenn Sie schlank und fit werden möchten. Wenn Sie etwas süßen möchten, so sollten Sie Süßstoff, Stevia oder Xylit verwenden. Auch Limonaden und Fruchtsäfte sind während einer Low Carb Diät absolut tabu. Greifen Sie zu Tees, Wasser und Soda. Es ist so einfach, sich aromatische Eistees selbst zu zaubern. Brühen Sie sich abends Tees nach Wahl auf, lagern Sie diese über Nacht im Kühlschrank und schon ist am nächsten Morgen der Eistee fertig. Diesen müssen Sie nur mehr mit Süßstoff und etwas Zitronensaft abschmecken und Sie können ein kalorienbewusstes Getränk genießen.

Sobald Sie in unseren Rezepten gestöbert haben, werden Sie bemerken, dass Sie tatsächlich eine enorme Auswahl an Gerichten haben. So kommt garantiert keine Langeweile auf. Denn Langeweile ist ein weiterer Killer jeder Diät. Mit unseren Low Carb Gerichten ernähren Sie sich nicht einseitig, sondern abwechslungsreich. Ihr Körper erhält alle wichtigen Vitamine, Mineralstoffe und Spurenelemente, damit Sie sich vom ersten Tag der Diät an richtig wohl fühlen.

Die Low Carb Diät, die absolut büro- und alltags- tauglich ist

Wir haben die Rezepte so konzipiert, dass Sie viele der Frühstücks-Gerichte und die meisten Mittagessen auch bequem mit zur Arbeit nehmen können. Damit wird eine weitere Stolperfalle für Diäten beseitigt. Es ist Gift für jede Diät, wenn Sie den ganzen Tag während der Arbeit hungern und erst zu Hause, abends, richtig essen. Unserer Rezepte lassen sich aber praktisch während der Mittagspause verzehren. So kommt Heißhunger erst gar nicht auf und Sie laufen nicht Gefahr, zu Fast Food oder Süßkram zu greifen. Eine Vielzahl der Gerichte für den Arbeitsplatz lassen sich bequem am Vorabend zubereiten. So müssen Sie auch nicht extra eine Stunde eher aufstehen. Genießen Sie Ihren gesunden Schlaf - denn auch ausreichend Schlaf ist wichtig für eine konstante Gewichtsabnahme.

Die Abendessen sind einfach und schnell zu kochen. Auch nach einem langen Arbeitstag können Sie diese Gerichte im Handumdrehen zaubern und eine gesunde Mahlzeit genießen. Zudem sind die Rezepte so lecker, dass sie auch der ganzen Familie schmecken. Dadurch, dass auch der Partner oder die Kinder mitessen können und wollen, fühlen Sie sich nicht als Außenseiter. Ein weiterer Pluspunkt dieser Diät, die sich nicht wie eine Diät anfühlt.

Die Vorteile einer Low Carb Diät

Es wird bei einer Low Carb Ernährung lediglich darauf geachtet, so wenig Kohlenhydrate als möglich zu sich zu nehmen. Dies ist auch schon alles. Es müssen keine lästigen Kalorien oder Punkte gezählt werden, und auch die Mengenangaben sind nicht so extrem wichtig. Durch den Verzicht auf Zucker und Kohlenhydrate kann der Organismus wunderbar entschlacken und entgiften. Sie verlieren somit nicht nur lästige Pfunde, sondern reinigen Ihren gesamten Körper. Dadurch funktioniert auch der Stoffwechsel wieder besser, der für die Fettverbrennung so wichtig ist. Dies ist auch enorm wichtig, da es so nicht zum gefürchteten Jo- Jo- Effekt kommt. Auch wenn Sie Ihr Wunschgewicht erreicht haben, sollten Sie zumindest einen Low Carb Tag pro Woche einlegen. So können Sie Ihr Traumgewicht problemlos halten, da Sie dem Stoffwechsel immer wieder den benötigten Kick geben.

Die Low Carb 30-Tage- Diät im Überblick erklärt

Sie finden in den nächsten Kapiteln Vorschläge für Frühstück, Mittagessen, Abendessen, Snacks und Desserts. Jeden Tag wählen Sie sich nun aus jeder Rubrik, außer den Desserts, ein Gericht aus. Die Süßspeisen sollten Sie sich für besondere Anlässe aufsparen. So können Sie die Diät individuell und Ihren Bedürfnissen perfekt angepasst gestalten. Es ist auch nicht relevant, ob Sie jeden Tag ein anderes Frühstück wählen oder jeden Tag zum selben greifen. Hauptsache es schmeckt. So unkompliziert und einfach war Diät noch nie und Sie werden sehen, mit wie viel Freude und Elan Sie diese 30 Tage durchhalten. Wenn Sie lieber mittags zu Hause kochen, können Sie auch Mittagessen und Abendessen austauschen - es bleibt Ihnen alleine überlassen. Wichtig ist nur, dass Sie darauf achten, keine zusätzlichen Kohlenhydrate zu sich zu nehmen. Das ist die ganze Zauberei und wir wünschen Ihnen gutes Gelingen und viel Spaß mit der 30-Tage Low Carb Diät.

Low Carb Frühstück - unsere Rezeptvorschläge für Sie

Joghurt mit Blaubeeren

Nährwerte:

- Kalorien: 81,7 kcal
- Kohlenhydrate: 12,2 Gramm
- Eiweiß: 6,3 Gramm
- Fett: 0,6 Gramm

Für eine Person benötigen Sie:

✓ 150 Gramm Joghurt
✓ Saft einer halben Bio Limette
✓ 1 Prise Himalaya Salz
✓ 1 Prise Kardamom gemahlen
✓ 1 Spritzer Süßstoff
✓ 60 Gramm Blaubeeren frisch oder TK
✓ 1 TL gehackte Minze

Zubereitung:

Das Joghurt mit dem Limettensaft, Salz, Kardamom und Süßstoff verrühren. Vorsichtig die Blaubeeren unterheben. Mit der Minze bestreuen und schlemmen.

Chia Joghurt mit Ingwer

Nährwerte:

- Kalorien: 85,8 kcal
- Eiweiß: 6,5 Gramm
- Fett: 3,3 Gramm
- Kohlenhydrate: 6,9 Gramm

Für eine Person benötigen Sie:

- ✓ 1 EL Chia Samen
- ✓ 120 Gramm Joghurt
- ✓ 1 Messerspitze Ingwer frisch gerieben
- ✓ 1 Spritzer Limettensaft
- ✓ 1 TL Basilikum gehackt
- ✓ 1 Spritzer Süßstoff

Zubereitung:

Alle Zutaten gut miteinander verrühren und am besten über Nacht im Kühlschrank quellen lassen. Chia Samen nehmen langsam ein Vielfaches an Volumen an und sind dadurch sehr sättigend.

Quark mit hellem und dunklem Sesam

Nährwerte:

- Kalorien: 188,3 kcal
- Eiweiß: 19,1 Gramm
- Fett: 7,9 Gramm
- Kohlenhydrate: 9 Gramm

Für eine Person benötigen Sie:

- ✓ 100 Gramm Quark
- ✓ Saft einer halben Bio Orange
- ✓ 1 Prise Himalaya Salz
- ✓ 1 Prise Nelkenpulver
- ✓ 1 EL Sesam hell geröstet
- ✓ 1 TL Sesam schwarz geröstet
- ✓ 1 Spritzer Süßstoff nach Bedarf

Zubereitung:

Alle Zutaten gut verrühren, etwas durchziehen lassen und verspeisen.

Eiweißbrot

Nährwerte:

- Kalorien: 2077,5 kcal
- Eiweiß: 140,7 Gramm
- Fett: 89,6 Gramm
- Kohlenhydrate: 162,7 Gramm

---

1 Scheibe Brot hat:

- Kalorien: 103,9 kcal
- Eiweiß: 7 Gramm
- Fett: 4,5 Gramm
- Kohlenhydrate: 8,1 Gramm

Für ein Brot mit 12 Scheiben benötigen Sie:

- ✓ 5 Eier
- ✓ 500 Gramm Quark
- ✓ 200 Gramm Haferkleie
- ✓ 120 Gramm Weizenkleie
- ✓ 1 Packung Weinstein Backpulver
- ✓ 1 EL Brotgewürz
- ✓ 1 Messerspitze Kurkuma gemahlen
- ✓ 50 Gramm Butter flüssig
- ✓ 1 Prise Muskat gemahlen

Zubereitung:

Die Eier schaumig schlagen und den Quark einrühren. Danach die restlichen Zutaten gut untermengen. Den Teig für mindestens 30 Minuten quellen lassen. Eine Backform mit Backpapier auslegen und den Teig einfüllen. Das Backrohr auf 180° Celsius aufheizen und das Brot bei Ober- und Unterhitze für etwa 60 Minuten backen. Das Brot auskühlen lassen und in 12 Scheiben schneiden. Sie können das Brot im Kühlschrank für eine Woche aufbewahren, es lässt sich aber auch toll portionsweise einfrieren und am Morgen rasch im Toaster aufbacken.

Eiweißbrot mit Fruchtaufstrich

Nährwerte:

- Kalorien: 132,3 kcal
- Eiweiß: 8,8 Gramm
- Fett: 5,2 Gramm
- Kohlenhydrate: 11,7 Gramm

Für eine Person benötigen Sie:

- ✓ 1 Scheibe Eiweißbrot
- ✓ 1 EL Hüttenkäse
- ✓ 3 Erdbeeren
- ✓ 8 Himbeeren
- ✓ Spritzer Zitronensaft
- ✓ etwas Vanille- Aroma
- ✓ Süßstoff nach Bedarf

Zubereitung:

Den Hüttenkäse mit den Erdbeeren, Himbeeren, Zitronensaft, Vanille und Süßstoff pürieren oder mit der Gabel zerdrücken. Das Brot damit bestreichen und genießen.

Eiweißbrot mit Kräuter-Frischkäse

Nährwerte:

- Kalorien: 140 kcal
- Eiweiß: 12,2 Gramm
- Fett: 4,8 Gramm
- Kohlenhydrate: 11,2 Gramm

Für eine Person benötigen Sie:

✓ 1 Scheibe Eiweißbrot
✓ 1 EL Frischkäse
✓ 1 TL Quark
✓ 1 Spritzer Zitronensaft
✓ 1/2 TL Petersilie gehackt
✓ 1/2 TL Kerbel gehackt
✓ 1 Prise Himalaya Salz
✓ 1/2 TL Dill grob gehackt zum Bestreuen
✓ 1 Prise Paprikapulver scharf

Zubereitung:

Den Frischkäse mit dem Quark und dem Zitronensaft glatt rühren. Petersilie, Kerbel und Salz untermengen und das Brot damit bestreichen. Mit Dill und Paprikapulver bestreuen und zum Frühstück genießen.

Eiweißbrot mit Spiegelei

Nährwerte:

- Kalorien: 234,7 kcal
- Eiweiß: 12,8 Gramm
- Fett: 15,8 Gramm
- Kohlenhydrate: 8,5 Gramm

Für eine Person benötigen Sie:

- ✓ 1 Scheibe Eiweißbrot
- ✓ 2 TL Butter
- ✓ 1 Ei
- ✓ Salz und Pfeffer

Zubereitung:

In einer Pfanne Butter schmelzen lassen und erhitzen. Das Eiweißbrot darin von beiden Seiten knusprig braten und aus der Pfanne nehmen. In der restlichen Butter das Spiegelei von beiden Seiten braten und auf dem knusprigen Brot anrichten. Mit Salz und Pfeffer würzen und essen.

Grüner Smoothie mit Weizenkleie

Nährwerte:

- Kalorien: 25,7 kcal
- Eiweiß: 2,3 Gramm
- Fett: 0,6 Gramm
- Kohlenhydrate: 2,7 Gramm

Für eine Person benötigen Sie:

- ✓ 120 ml grüner Tee
- ✓ 1 EL Weizenkleie
- ✓ 1 Prise Himalaya Salz
- ✓ 20 Gramm Baby Blattspinat
- ✓ 10 Blatt Basilikum
- ✓ 30 Gramm Mangold

Zubereitung:

Den grünen Tee für etwa 15 Minuten mit der Weizenkleie quellen lassen. Danach mit den restlichen Zutaten in den Mixer geben und zu einem Smoothie verarbeiten. Sie können den Shake am Vorabend zubereiten und im Kühlschrank aufbewahren. Er lässt sich auch toll in einer Trinkflasche mit zur Arbeit nehmen.

Frühstücks- Eiweiß-Shake

Nährwerte:

- Kalorien: 256,7 kcal
- Eiweiß: 20,3 Gramm
- Fett: 9,3 Gramm
- Kohlenhydrate: 21,2 Gramm

Für eine Person benötigen Sie:

- ✓ 150 ml Mandelmilch
- ✓ 1 EL Mandeln geröstet
- ✓ 20 Gramm Eiweißpulver mit Vanille Geschmack
- ✓ 1 Pfirsich ohne Kern
- ✓ Süßstoff nach Bedarf

Zubereitung:

Alle Zutaten in den Mixer geben und zu einem samtigen Smoothie mixen. Dieser Drink lässt sich in einer Trinkflasche wunderbar mit zur Arbeit nehmen. Sie sollten ihn jedoch immer kühl und dunkel lagern.

Beeren- Shake

Nährwerte:

- Kalorien: 123,4 kcal
- Eiweiß: 6,3 Gramm
- Fett: 1,7 Gramm
- Kohlenhydrate: 19,9 Gramm

Für eine Person benötigen Sie:

- ✓ 120 ml Buttermilch
- ✓ 100 Gramm Beerenmix frisch oder TK
- ✓ 1 Spritzer Süßstoff
- ✓ 6 Blatt Zitronenmelisse
- ✓ 1 TL Haferkleie

Zubereitung:

Alle Zutaten im Mixer zu einem cremigen Shake verarbeiten und für mindestens 30 Minuten quellen lassen. Ein weiteres Mal durchrühren und trinken. Wenn Sie den Shake in einer Trinkflasche mit zur Arbeit nehmen, sollten Sie diese vor dem Trinken kräftig schütteln.

Omelette mit Blauschimmelkäse

Nährwerte:

- Kalorien: 221,1 kcal
- Eiweiß: 16,6 Gramm
- Fett: 15,7 Gramm
- Kohlenhydrate: 1,8 Gramm

Für eine Person benötigen Sie:

- ✓ 2 Eier
- ✓ 2 EL Milch
- ✓ 1 EL Blauschimmelkäse
- ✓ 1 EL Schnittlauch in Röllchen
- ✓ etwas Pfeffer aus der Mühle

Zubereitung:

Die Eier mit der Milch verquirlen und in eine beschichtete, heiße Pfanne gießen. Den Blauschimmelkäse darüber bröseln und mit Schnittlauch bestreuen. Mit Pfeffer würzen und die Pfanne mit einem Deckel verschließen. Das Omelette für knapp 6 Minuten bei mittlerer Hitze stocken lassen, zusammenklappen, anrichten und essen.

Spiegeleier Italia

Nährwerte:

- Kalorien: 226,1
- Eiweiß: 12,1 Gramm
- Fett: 18,2 Gramm
- Kohlenhydrate: 1,8 Gramm

Für eine Person benötigen Sie:

- ✓ 2 Eier
- ✓ 4 Cherry Tomaten
- ✓ 5 grüne Oliven ohne Stein
- ✓ 5 Blatt Basilikum
- ✓ 1/2 TL Olivenöl
- ✓ Salz und Pfeffer

Zubereitung:

Die Eier in einer beschichteten Pfanne zu Spiegeleiern braten. Die Tomaten und Oliven klein schneiden und zusammen mit dem grob gehackten Basilikum im Olivenöl für 2 Minuten durchschwenken. Mit Salz und Pfeffer würzen und zusammen mit den Spiegeleiern servieren.

Süße Pfannkuchen

Nährwerte:

- Kalorien: 178 kcal
- Eiweiß: 15,9 Gramm
- Fett: 9,4 Gramm
- Kohlenhydrate: 6,1 Gramm

Für zwei dünne Pfannkuchen benötigen Sie:

- ✓ 50 ml Magermilch
- ✓ 1 EL Mandelmehl
- ✓ 1 Ei
- ✓ 1 Prise Himalaya Salz
- ✓ 1 TL Butter zum Braten

Für die Fülle:

- ✓ 30 Gramm Quark
- ✓ 1 Spritzer Limettensaft
- ✓ 1 Spritzer Süßstoff
- ✓ 30 Gramm Himbeeren

Zubereitung:

Für die Pfannkuchen die Magermilch mit dem Mandelmehl gut verrühren und das Ei mit dem Schneebesen einrühren. Mit etwas Himalaya Salz würzen und den Teig in der Pfanne zu zwei dünnen Pfannkuchen backen. Den Quark mit dem Limettensaft und dem Süßstoff glatt rühren. Die Himbeeren unterheben und leicht zerdrücken. Die Pfannkuchen mit dem süßen Quark füllen und essen.

Pikante Pfannkuchen

Nährwerte:

- Kalorien: 188,2 kcal
- Eiweiß: 15,4 Gramm
- Fett: 9,8 Gramm
- Kohlenhydrate: 8,3 Gramm

Für eine Person benötigen Sie:

✓ 50 ml Buttermilch
✓ 1 Ei
✓ 1 EL Mandelmehl
✓ 1 Prise Himalaya Salz
✓ 1 Prise Muskat gemahlen
✓ 1 TL Butter zum Braten

Für die Fülle:

✓ 1 Schalotte
✓ 1/2 Paprika rot
✓ 2 EL Frischkäse
✓ 1 EL Petersilie gehackt
✓ Salz und Pfeffer

Zubereitung:

Die Buttermilch mit dem Ei verquirlen und das Mandelmehl gut mit dem Schneebesen einrühren. Den Teig mit Himalaya Salz würzen und in einer heißen Pfanne in Butter zu zwei dünnen Pfannkuchen backen. Die Schalotte und die Paprika klein schneiden und zusammen mit der Petersilie mit dem Frischkäse glatt rühren. Mit Salz und Pfeffer abschmecken und die Pfannkuchen mit der pikanten Fülle bestreichen und genießen.

Süße Pancakes

Nährwerte:

- Kalorien: 426,3
- Eiweiß: 50 Gramm
- Fett: 17,8 Gramm
- Kohlenhydrate: 13,7 Gramm

Für fünf Pancakes benötigen Sie:

- ✓ 100 Gramm Joghurt
- ✓ 80 Gramm Mandelmehl
- ✓ 2 Eier
- ✓ 1 TL Backpulver
- ✓ etwas Vanille Aroma
- ✓ 1 Prise Himalaya Salz
- ✓ Süßstoff nach Bedarf
- ✓ 1 TL Öl zum Backen
- ✓ 20 Gramm Brombeeren
- ✓ 2 EL Quark
- ✓ 1 TL Minze gehackt

Zubereitung:

Das Joghurt mit dem Mandelmehl glatt rühren und mit den Eiern verquirlen. Backpulver, Vanille, Salz und Süßstoff einarbeiten und in einer heißen Pfanne nach und nach aus dem Teig fünf dicke, kleine Pfannkuchen backen. Die Pfannkuchen nach 2 Minuten vorsichtig wenden und wenn nötig etwas Öl nachgeben. Die Brombeeren mit der Gabel zerdrücken, mit dem Quark und der Minze verrühren und zu den süßen Pfannkuchen anrichten.

Pikante Pancakes

Nährwerte:

- Kalorien: 321,5 kcal
- Eiweiß: 30,8 Gramm
- Fett: 17 Gramm
- Kohlenhydrate: 9 Gramm

Für vier dicke Pancakes benötigen Sie:

- ✓ 60 Gramm Joghurt
- ✓ 1 Ei
- ✓ 50 Gramm Mandelmehl
- ✓ 50 Gramm Brokkoli-Rosen
- ✓ 1 TL Backpulver
- ✓ 1 Prise Himalaya Salz
- ✓ etwas Majoran getrocknet
- ✓ 1 TL Öl zum Backen

Für den Dip:

- ✓ 2 EL saure Sahne
- ✓ 1 TL Petersilie gehackt
- ✓ 1 EL Gewürzgurke fein gewürfelt

Zubereitung:

Das Joghurt mit dem Ei verquirlen und das Mandelmehl mit dem Schneebesen einarbeiten. Den Brokkoli klein hacken und zusammen mit Salz und Majoran untermengen. In einer heißen Pfanne in genügend Öl vier dicke Pfannkuchen backen und diese nach 2 Minuten vorsichtig wenden. Die saure Sahne mit der Petersilie und der gewürfelten Gewürzgurke verrühren und als pikanten Dip zu den Pancakes anrichten.

Rührei mit Lachs

Nährwerte:

- Kalorien: 230,4 kcal
- Eiweiß: 18,2 Gramm
- Fett: 15,9 Gramm
- Kohlenhydrate: 1,9 Gramm

Für eine Person benötigen Sie:

- ✓ 2 Eier
- ✓ 2 EL Buttermilch
- ✓ 1/2 TL Estragon gehackt
- ✓ 1 TL Butter
- ✓ 30 Gramm Räucherlachs
- ✓ 1/2 Limette zum Beträufeln

Zubereitung:

Die Eier mit der Buttermilch und dem Estragon verquirlen und in einer heißen Pfanne in Butter leicht stocken lassen. Den Räucherlachs in Streifen schneiden und auf dem noch leicht flüssigen Ei verteilen. Mit dem Kochlöffel zu einem Rührei verarbeiten und gut stocken lassen. Anrichten und vor dem Essen großzügig mit Limettensaft beträufeln.

Rührei mit Schinken

Nährwerte:

- Kalorien: 215,6 kcal
- Eiweiß: 17,5 Gramm
- Fett: 13,7 Gramm
- Kohlenhydrate: 4,2 Gramm

Für eine Person benötigen Sie:

- ✓ 30 Gramm Kochschinken
- ✓ 1/2 TL Öl
- ✓ 2 Eier
- ✓ 2 EL Sodawasser
- ✓ Salz und Pfeffer
- ✓ 1 Frühlingszwiebel klein gehackt zum Bestreuen

Zubereitung:

Den Schinken in Streifen schneiden und im Öl in einer heißen Pfanne etwas anbraten. Die Eier verquirlen und mit dem Sodawasser verrühren. Mit Salz und Pfeffer abschmecken und über den Schinken in die Pfanne gießen. Zu einem Rührei stocken lassen, anrichten und vor dem Essen großzügig mit der klein gehackten Frühlingszwiebel bestreuen.

Spiegelei mit Speck

Nährwerte:

- Kalorien: 225,6 kcal
- Eiweiß: 17,3 Gramm
- Fett: 15,8 Gramm
- Kohlenhydrate: 1,9 Gramm

Für eine Person benötigen Sie:

- ✓ 4 Scheiben Bacon
- ✓ 1/2 TL Majoran frisch
- ✓ 2 Eier
- ✓ Salz und Pfeffer
- ✓ 1 EL Schnittlauch in Röllchen zum Bestreuen

Zubereitung:

Den Bacon in einer beschichteten Pfanne ohne Öl knusprig braten. Die Eier darauf aufschlagen und zu Spiegeleier braten. Mit Majoran, Salz und Pfeffer würzen und vor dem Essen großzügig mit Schnittlauch bestreuen.

Mit Tomaten und Käse überbackene Avocado

Nährwerte:

- Kalorien: 237,3 kcal
- Eiweiß: 7,5 Gramm
- Fett: 18,1 Gramm
- Kohlenhydrate: 9,3 Gramm

Für eine Person benötigen Sie:

- ✓ 1/2 Avocado
- ✓ 1 kleine Tomate
- ✓ etwas Oregano getrocknet
- ✓ Salz und Pfeffer
- ✓ Saft einer halben Limette
- ✓ 1 EL Gouda gerieben
- ✓ 1 Messerspitze Cayenne Pfeffer

Zubereitung:

Das Fruchtfleisch der Avocado mit einem Löffel vorsichtig auskratzen und zerdrücken. Die Tomate würfeln und mit Oregano und dem Fruchtfleisch vermengen. Mit Salz, Pfeffer und Limettensaft vermengen und zurück in die Avocado füllen. Mit dem Gouda bestreuen und das Backrohr auf 200° Celsius aufheizen. Die Avocado auf der mittleren Schiene bei Umluft für 8 Minuten backen und vor dem Essen mit Cayenne Pfeffer bestreuen.

Joghurt mit Nüssen

Nährwerte:

- Kalorien: 177,2 kcal
- Eiweiß: 8,9 Gramm
- Fett: 11,9 Gramm
- Kohlenhydrate: 7,7 Gramm

Für eine Person benötigen Sie:

- ✓ 100 Gramm Joghurt
- ✓ 1 Spritzer Süßstoff
- ✓ 1/2 TL doppelt entölter Kakao
- ✓ 1 Prise Kardamom gemahlen
- ✓ 1 EL Walnüsse gehackt und geröstet
- ✓ 1 TL Erdnüsse gehackt und geröstet
- ✓ 1 EL Pinienkerne geröstet
- ✓ 1 kleine Prise Himalaya Salz
- ✓ 1 EL Zitronenmelisse gehackt

Zubereitung:

Alle Zutaten miteinander verrühren und genießen. Dieses Frühstück können Sie toll bereits am Vorabend zubereiten und im Kühlschrank aufbewahren.

Omelette mit Bacon und Cheese

Nährwerte:

- Kalorien: 290,8 kcal
- Eiweiß: 22,2 Gramm
- Fett: 20,4 Gramm
- Kohlenhydrate: 2,4 Gramm

Für eine Person benötigen Sie:

- ✓ 3 Scheiben Bacon
- ✓ 2 Eier
- ✓ 1 EL Joghurt
- ✓ 1 EL Petersilie gehackt
- ✓ 20 Gramm Butterkäse gerieben
- ✓ Pfeffer aus der Mühle

Zubereitung:

Den Bacon in dünne Streifen schneiden und in einer beschichteten Pfanne knusprig anbraten. Die Eier mit dem Joghurt verquirlen und die gehackte Petersilie und den Butterkäse untermengen. Die Ei-Masse über den Bacon gießen und zu einem schönen Omelette stocken lassen. Zusammenklappen, anrichten und vor dem Essen mit etwas Pfeffer aus der Mühle bestreuen.

Ei im Glas mit Creme Fraiche

Nährwerte:

- Kalorien: 121,2 kcal
- Eiweiß: 6,7 Gramm
- Fett: 9,4 Gramm
- Kohlenhydrate: 1,6 Gramm

Für eine Person benötigen Sie:

- ✓ 1 Ei
- ✓ 1 EL Creme Fraiche
- ✓ 1 TL Joghurt
- ✓ 1 TL Petersilie gehackt
- ✓ Salz und Pfeffer

Zubereitung:

Das Ei in kochendem Wasser für 3 Minuten kochen lassen und mit eiskaltem Wasser abschrecken. Vorsichtig schälen und in ein Glas geben. Die Creme Fraiche mit dem Joghurt und der Petersilie vermengen und mit Salz und Pfeffer abschmecken. Vor dem Essen über dem Ei im Glas verteilen.

Süßer Eierflan

Nährwerte:

- Kalorien: 213,8 kcal
- Eiweiß: 18,8 Gramm
- Fett: 10,7 Gramm
- Kohlenhydrate: 9 Gramm

Für zwei Personen benötigen Sie:

- ✓ 2 Eier
- ✓ 120 ml Magermilch
- ✓ 1 TL Mandelmehl
- ✓ etwas Abrieb einer Bio Zitrone
- ✓ 1 Messerspitze Vanille-Mark
- ✓ 1 Prise Himalaya Salz
- ✓ Süßstoff nach Bedarf

Zubereitung:

Alle Zutaten gut miteinander verquirlen und in zwei feuerfeste Schalen füllen. Das Backrohr auf 200° Celsius aufheizen und den Flan bei Ober- und Unterhitze für 10 Minuten garen. Der süße Flan schmeckt heiß und kalt ganz hervorragend.

Haferkleie Plätzchen

Nährwerte:

- Kalorien: 624,3 kcal
- Eiweiß: 33,7 Gramm
- Fett: 34,6 Gramm
- Kohlenhydrate: 40 Gramm

Für 15 bis 20 Kekse benötigen Sie:

- ✓ 6 EL Haferkleie
- ✓ 2 EL Weizenkleie
- ✓ 100 Gramm Joghurt
- ✓ 60 Gramm Quark
- ✓ 2 Eier
- ✓ 1 Packung Weinstein Backpulver
- ✓ 1 EL Mandelmehl
- ✓ Süßstoff nach Bedarf
- ✓ 1 kleine Prise Himalaya Salz
- ✓ 20 Gramm Butter flüssig

Zubereitung:

Alle Zutaten gut miteinander verkneten und den Teig für 30 Minuten im Kühlschrank quellen lassen. Ein Backblech mit Backpapier auslegen und das Backrohr auf 180° Celsius aufheizen. Aus dem Teig etwa 20 Kekse formen und diese mit etwas Abstand auf dem Blech verteilen. Die Kekse für 12 Minuten bei Ober- und Unterhitze backen. Wer nicht gerne frühstückt, aber doch etwas im Magen haben möchte, kann wunderbar in der Früh zwei dieser Kekse essen. Sie lassen sich auch toll als gesunder Snack mit zur Arbeit oder zur Schule nehmen.

Low Carb Beerenmüsli

Nährwerte:

- Kalorien: 157,4 kcal
- Eiweiß: 6,1 Gramm
- Fett: 4,9 Gramm
- Kohlenhydrate: 21,3 Gramm

Für eine Person benötigen Sie:

- ✓ 20 Gramm Low Carb Müsli
- ✓ 10 Gramm Brombeeren
- ✓ 10 Gramm Heidelbeeren
- ✓ 10 Gramm Himbeeren
- ✓ 3 Erdbeeren
- ✓ 100 ml Kefir
- ✓ etwas Abrieb einer Bio Limette
- ✓ 1 Prise Zimt gemahlen
- ✓ Süßstoff nach Bedarf

Zubereitung:

Alle Zutaten gut verrühren und für etwa 30 Minuten quellen lassen. Sie können das Müsli auch toll bereits am Vorabend zubereiten. Das Müsli ist sehr sättigend und ideal, wenn Sie mittags nur eine Kleinigkeit essen können.

Ananas Shake

Nährwerte:

- Kalorien: 74,1 kcal
- Eiweiß: 1,4 Gramm
- Fett: 0,5 Gramm
- Kohlenhydrate: 15,5 Gramm

Für eine Person benötigen Sie:

- ✓ 80 Gramm Ananas frisch
- ✓ 100 ml Molke
- ✓ Saft einer Limette
- ✓ 1 Stiel Koriander mit Wurzel

Zubereitung:

Alle Zutaten im Mixer zu einem leckeren Smoothie verarbeiten. Sowohl die Ananas als auch der Koriander haben Enzyme, die den Stoffwechsel ordentlich ankurbeln.

Frühstück Muffins mit Schinken

Nährwerte:

- Kalorien: 793,9 kcal
- Eiweiß: 50,4 Gramm
- Fett: 59,9 Gramm
- Kohlenhydrate: 7,4 Gramm

Für vier Muffins benötigen Sie:

- ✓ 50 Gramm Butter
- ✓ 2 Eier
- ✓ 2 EL Quark
- ✓ 70 Gramm Mandelmehl
- ✓ 1 TL Weinstein Backpulver
- ✓ 4 EL Schinken klein geschnitten
- ✓ 1 EL Petersilie gehackt
- ✓ 1 Prise Himalaya Salz
- ✓ etwas Majoran getrocknet

Zubereitung:

Die Butter schaumig schlagen und ein Ei nach dem anderen langsam einrühren. Mit allen restlichen Zutaten gut vermischen. Die Masse auf vier Muffin-Formen verteilen und das Backrohr auf 170° Celsius aufheizen. Die Muffins bei Umluft für 15 Minuten backen. Sie können die restlichen Muffins im Kühlschrank für einige Tage aufbewahren oder auch einfrieren.

Prosciutto Rolle

Nährwerte:

- Kalorien: 140,7 kcal
- Eiweiß: 17,3 Gramm
- Fett: 1,7 Gramm
- Kohlenhydrate: 13,1 Gramm

Für eine Person benötigen Sie:

✓ 4 Scheiben Prosciutto hauchdünn geschnitten
✓ 2 EL Kräuter-Frischkäse
✓ 1/2 Feige frisch
✓ 2 Datteln ohne Kern
✓ etwas Pfeffer schwarz

Zubereitung:

Die Feige und die Datteln klein schneiden und mit dem Frischkäse vermengen. Mit schwarzem Pfeffer abschmecken und den Prosciutto damit bestreichen und einrollen. Sie können natürlich auch Bündnerfleisch, Schwarzwälder Schinken oder mageren Karree-Speck verwenden.

Pikante Eier Royal mit Oregano

Nährwerte:

- Kalorien: 244,2 kcal
- Eiweiß: 15,6 Gramm
- Fett: 15,6 Gramm
- Kohlenhydrate: 8,4 Gramm

Für zwei Personen benötigen Sie:

- ✓ 2 Eier
- ✓ 80 ml Magermilch
- ✓ 2 EL Sauerrahm
- ✓ 1 Prise Cayenne Pfeffer
- ✓ 1 TL Oregano frisch gehackt
- ✓ 2 getrocknete Tomaten ohne Öl

Zubereitung:

Alle Zutaten mit dem Stabmixer pürieren und in zwei feuerfeste Schälchen füllen. Das Backrohr auf 180° Celsius aufheizen und die Royal für 8 Minuten bei Umluft garen. Sie können die Royal vor dem Essen noch mit etwas frischen Kräutern bestreuen.

Weiches Ei mit Senf-Joghurt

Nährwerte:

- Kalorien: 82,2 kcal
- Eiweiß: 6,9 Gramm
- Fett: 5,1 Gramm
- Kohlenhydrate: 1,7 Gramm

Für eine Person benötigen Sie:

- ✓ 1 Ei
- ✓ 1 EL Joghurt
- ✓ 1/2 TL Senf
- ✓ 1 Spritzer Sojasauce
- ✓ Schnittlauch in Röllchen

Zubereitung:

Das Ei für 4 Minuten weich kochen, mit Eiswasser abschrecken, schälen und in einen Eierbecher geben. Das Joghurt mit Senf und Sojasauce vermengen und über das weiche Ei träufeln. Vor dem Essen mit Schnittlauch bestreuen.

Pfannkuchen mit Räucherlachs

Nährwerte:

- Kalorien: 172,4 kcal
- Eiweiß: 15 Gramm
- Fett: 10,3 Gramm
- Kohlenhydrate: 3,7 Gramm

Für eine Person benötigen Sie:

- ✓ 1 Ei
- ✓ 30 ml Milch
- ✓ 1 EL Mandelmehl
- ✓ 1/2 TL Dill gehackt
- ✓ 1 Prise Himalaya Salz

Für die Fülle:

- ✓ 2 EL saure Sahne
- ✓ 20 Gramm Räucherlachs
- ✓ 1 TL Koriander gehackt
- ✓ Pfeffer aus der Mühle

Zubereitung:

Das Ei mit der Milch verquirlen und mit dem Schneebesen das Mandelmehl einarbeiten. Mit Dill und Himalaya Salz würzen und in einer beschichteten Pfanne zu einem schönen Pfannkuchen backen. Nach etwa 2 Minuten den Pfannkuchen vorsichtig wenden. Falls Sie keine beschichtete Pfanne besitzen, geben Sie etwas Öl in die Pfanne, damit der Pfannkuchen nicht anbrennt. Den Räucherlachs klein schneiden und mit der sauren Sahne, dem Koriander und dem Pfeffer aus der Mühle vermengen. Den Pfannkuchen damit bestreichen, einrollen und als luxuriöses Frühstück genießen.

Low Carb Mittagessen - unsere Rezeptvorschläge für Sie

Low Carb Pancake Burger

Nährwerte:

- Kalorien: 408,9 kcal
- Eiweiß: 34,9 Gramm
- Fett: 22 Gramm
- Kohlenhydrate: 14,8 Gramm

Für eine Person benötigen Sie:

- ✓ 80 Gramm Blumenkohl gekocht
- ✓ 1 EL Parmesan fein gerieben
- ✓ 1 Ei
- ✓ 2 EL Quark
- ✓ 3 EL Mandelmehl
- ✓ 1 TL Weinstein Backpulver
- ✓ 1 Messerspitze Ingwer frisch gerieben
- ✓ Salz und Pfeffer
- ✓ 1 TL Öl zum Braten
- ✓ 2 Scheiben Gouda
- ✓ 2 Blatt Eisberg Salat
- ✓ 1 kleine Tomate in Scheiben geschnitten
- ✓ 6 Scheiben Salatgurke
- ✓ 1/2 rote Zwiebel in Ringe geschnitten
- ✓ 1 EL Ketchup ohne Zucker
- ✓ 1 TL saure Sahne
- ✓ 1 Knoblauchzehe fein gehackt

Zubereitung:

Den gekochten Blumenkohl mit dem Parmesan, dem Ei, Quark, Mandelmehl, Backpulver und Ingwer verkneten und mit Salz und Pfeffer würzen. Aus dem Teig mit feuchten Händen zwei flache Patties formen und diese im Öl für je knapp 3 Minuten pro Seite in einer Pfanne braten. Noch in der Pfanne mit Käse belegen, diesen leicht schmelzen lassen und aus der Pfanne nehmen. Ketchup mit saurer Sahne, Knoblauch, etwas Salz und Pfeffer verrühren und die Patties damit bestreichen. Mit Salat, Tomaten, Gurke und Zwiebel belegen, zusammen klappen und fertig ist der leckere Low Carb Burger.

Gemüse Nudeln mit Möhre und Spargel

Nährwerte:

- Kalorien: 245,9 kcal
- Eiweiß: 8,9 Gramm
- Fett: 15,8 Gramm
- Kohlenhydrate: 15,2 Gramm

Für eine Person benötigen Sie:

- ✓ 4 Stangen weißer Spargel
- ✓ 1 Möhre
- ✓ 1/2 grüne Paprika
- ✓ 1/2 rote Zwiebel
- ✓ 2 Knoblauchzehen
- ✓ 2 EL Butter
- ✓ 2 EL Apfelessig naturtrüb
- ✓ 1/2 Bund Koriander grob gehackt
- ✓ 4 Cherry Tomaten
- ✓ Salz und Pfeffer
- ✓ 1 EL Parmesan gerieben zum Bestreuen

Zubereitung:

Den Spargel putzen und Spargel und Möhre mit dem Sparschäler zu dünnen Bandnudeln schneiden. Die Paprika und die Zwiebel in dünne Streifen schneiden und den Knoblauch grob hacken. Alles zusammen in der Butter bei mittlerer Hitze für 6 Minuten rösten. Mit dem Apfelessig ablöschen und leicht verdampfen lassen. Koriander unterrühren und die geviertelten Cherry Tomaten hinzu geben. Mit Salz und Pfeffer würzen und vor dem Essen mit Parmesan bestreuen.

Gefüllte Pfannkuchen mit Lachs

Nährwerte:

- Kalorien: 487,3 kcal
- Eiweiß: 39,3 Gramm
- Fett: 31,8 Gramm
- Kohlenhydrate: 7,5 Gramm

Für eine Person benötigen Sie:

- ✓ 50 ml Milch
- ✓ 1 Ei
- ✓ 2 EL Mandelmehl
- ✓ 1 Prise Himalaya Salz
- ✓ 2 EL Kräuter-Frischkäse
- ✓ 20 Gramm Fenchel
- ✓ 80 Gramm Lachs frisch
- ✓ Salz und Pfeffer
- ✓ 1 Spritzer Zitronensaft
- ✓ 1 Prise Muskat gemahlen
- ✓ 1 Ei und 50 ml Sahne zum Überbacken

Zubereitung:

Die Milch mit dem Ei verquirlen und das Mandelmehl und Salz einarbeiten. In einer beschichteten Pfanne zwei Pfannkuchen backen. Individuell kann auch etwas Öl verwendet werden. Die Pfannkuchen mit dem Frischkäse bestreichen. Den Fenchel fein hobeln und auf dem Frischkäse verteilen. Den Lachs in dünne Streifen schneiden, salzen und pfeffern, ebenfalls auf die Pfannkuchen legen und mit Zitronensaft säuern. Die Pfannkuchen einrollen und in eine Auflaufform legen. Ei und Sahne verquirlen und mit Muskat, Salz und Pfeffer würzen. Über die Pfannkuchen gießen und das Backrohr auf 170° Celsius aufheizen. Bei Ober- und Unterhitze für 12 Minuten backen, anrichten und verspeisen.

Sellerie Pancakes mit Walnüssen a la Low Carb

Nährwerte:

- Kalorien: 383,5 kcal
- Eiweiß: 24,9 Gramm
- Fett: 25,2 Gramm
- Kohlenhydrate: 11,5 Gramm

Für eine Person benötigen Sie:

- ✓ 1 Stange Staudensellerie
- ✓ 50 Gramm Quark
- ✓ 1 Ei
- ✓ 3 EL Mandelmehl
- ✓ 1/2 TL Backpulver
- ✓ 1 Prise Himalaya Salz
- ✓ 2 EL Walnüsse gehackt
- ✓ 10 Gramm Petersilie gehackt
- ✓ 1 EL Walnuss Öl zum Braten
- ✓ 2 EL Joghurt
- ✓ 1 EL Schnittlauch in Röllchen
- ✓ Salz und Pfeffer

Zubereitung:

Den Staudensellerie in kleine Würfel schneiden und zusammen mit dem Quark, dem Ei, Mandelmehl, Backpulver, Salz, Walnüssen und der Petersilie gut vermengen. Aus dem Teig drei Pancakes zaubern und diese im Walnuss Öl für je 2 Minuten pro Seite backen. Das Joghurt mit dem Schnittlauch verrühren, mit Salz und Pfeffer abschmecken und zusammen mit den Pancakes als Dip servieren.

Spinat Pancakes

Nährwerte:

- Kalorien: 335,7 kcal
- Eiweiß: 28,6 Gramm
- Fett: 20,1 Gramm
- Kohlenhydrate: 7,7 Gramm

Für eine Person benötigen Sie:

- ✓ 30 Gramm Blattspinat
- ✓ 2 Eier
- ✓ 60 ml Mandelmilch
- ✓ 3 EL Mandelmehl
- ✓ 1 Knoblauchzehe
- ✓ 1 TL Backpulver
- ✓ Salz und Pfeffer
- ✓ 1 Prise Muskat gemahlen
- ✓ 1 EL Butter zum Braten
- ✓ 2 EL Quark
- ✓ 1 EL Petersilie
- ✓ 1 Spritzer Zitronensaft

Zubereitung:

Den Blattspinat zusammen mit den Eiern, der Mandelmilch, dem Mandelmehl, dem Knoblauch, Backpulver, Salz, Pfeffer und Muskat in den Mixer geben und zu einem dickflüssigen Teig pürieren. In einer heißen Pfanne in der Butter etwa vier Pancakes daraus backen. Den Quark mit der Petersilie und dem Zitronensaft glattrühren, mit Salz und Pfeffer abschmecken und als Dip zu den Pancakes servieren.

Fruchtiger Schüttel-Salat mit Beeren

Nährwerte:

- Kalorien: 97,6 kcal
- Eiweiß: 5 Gramm
- Fett: 0,9 Gramm
- Kohlenhydrate: 16,8 Gramm

Für eine Person benötigen Sie:

- ✓ 20 Gramm Mango
- ✓ 1 EL Zitronensaft
- ✓ 3 EL Joghurt
- ✓ Salz und Pfeffer
- ✓ 1 kleine gelbe Paprika
- ✓ 2 Radieschen
- ✓ 20 Gramm Brombeeren
- ✓ 20 Gramm Blaubeeren
- ✓ 2 Erdbeeren
- ✓ 20 Gramm Eisbergsalat
- ✓ 20 Gramm Lolo Rosso Salat

Zubereitung:

Die Mango mit dem Zitronensaft und dem Joghurt pürieren und mit Salz und Pfeffer abschmecken. Paprika, Radieschen, Eisberg Salat und Lolo Rosso klein schneiden und zusammen mit dem Mango-Dressing in eine verschließbare Tupper Dose geben. Die Brombeeren, Blaubeeren und geviertelten Erdbeeren hinzugeben, alles etwas mit Salz und Pfeffer würzen, die Dose verschließen und im Kühlschrank aufbewahren. Vor dem Essen einfach den Salat gut durchschütteln.

Asiatischer Schüttel-Salat

Nährwerte:

- Kalorien: 127,6 kcal
- Eiweiß: 3,6 Gramm
- Fett: 8,2 Gramm
- Kohlenhydrate: 9 Gramm

Für eine Person benötigen Sie:

- ✓ 1 EL Reisessig
- ✓ 1 TL Sesam Öl
- ✓ 1 Messerspitze Ingwer frisch gerieben
- ✓ 1 EL Sojasauce hell
- ✓ 1 Chili rot fein gehackt
- ✓ 1 Spritzer Süßstoff
- ✓ 20 Gramm Konjak Reis genussfertig
- ✓ 1 Tomate
- ✓ 1 kleine Paprika gelb
- ✓ 1/2 Bund Koriander grob gehackt
- ✓ 2 EL Sojasprossen
- ✓ 20 Gramm Chinakohl in Streifen geschnitten

Zubereitung:

Alle Zutaten in eine gut verschließbare Tupper Dose geben und den Salat im Kühlschrank aufbewahren. Vor dem Essen einfach den Salat gut durchschütteln.

Caprese Schüttel-Salat

Nährwerte:

- Kalorien: 351,6 kcal
- Eiweiß: 27,4 Gramm
- Fett: 23 Gramm
- Kohlenhydrate: 6,1 Gramm

Für eine Person benötigen Sie:

- ✓ 10 Blatt Basilikum
- ✓ 1 TL Olivenöl
- ✓ 1 EL Balsamico Essig dunkel
- ✓ 1 EL Wasser
- ✓ Salz und Pfeffer
- ✓ 1 EL Pinienkerne
- ✓ 1 Kugel Mozzarella light klein geschnitten
- ✓ 1 große Tomate gewürfelt
- ✓ 30 Gramm Rucola Salat

Zubereitung:

Alle Zutaten in eine gut verschließbare Tupper Dose geben und den Salat im Kühlschrank aufbewahren. Vor dem Essen einfach den Salat gut durchschütteln.

Griechischer Schüttel-Salat

Nährwerte:

- Kalorien: 320 kcal
- Eiweiß: 11,9 Gramm
- Fett: 24,7 Gramm
- Kohlenhydrate: 10,2 Gramm

Für eine Person benötigen Sie:

- ✓ 10 Gramm Petersilie gehackt
- ✓ 3 Nadeln Rosmarin fein gehackt
- ✓ 1 EL Apfelessig naturtrüb
- ✓ 1 TL Olivenöl kalt gepresst
- ✓ 1 Knoblauchzehe fein gehackt
- ✓ 1 EL Joghurt
- ✓ 1 EL Walnüsse grob gehackt
- ✓ 40 Gramm Feta Käse gewürfelt
- ✓ 1/2 Paprika gelb in Streifen
- ✓ 1/2 Paprika rot in Streifen
- ✓ 1/4 Gurke in Scheiben
- ✓ 3 halbierte schwarze Oliven ohne Stein
- ✓ 20 Gramm Feldsalat

Zubereitung:

Alle Zutaten in eine gut verschließbare Tupper Dose geben und den Salat im Kühlschrank aufbewahren. Vor dem Essen einfach den Salat gut durchschütteln.

Minestrone mit Tintenfisch

Nährwerte:

- Kalorien: 181,9 kcal
- Eiweiß: 18,6 Gramm
- Fett: 6,7 Gramm
- Kohlenhydrate: 10,6 Gramm

Für eine Person benötigen Sie:

- ✓ 1/4 rote Zwiebel
- ✓ 1 Knoblauchzehe
- ✓ 1/4 Möhre
- ✓ 1 Stange Staudensellerie
- ✓ 1/4 Zucchini
- ✓ 20 Gramm Lauch
- ✓ 1 TL Olivenöl
- ✓ 1 TL Tomatenmark ohne Zucker
- ✓ 1 EL Weißwein-Essig
- ✓ 300 ml klare Gemüsesuppe
- ✓ etwas Oregano getrocknet
- ✓ etwas Basilikum getrocknet
- ✓ 1 Prise Anispulver
- ✓ 80 Gramm Tintenfisch-Ringe frisch oder TK
- ✓ Salz und Pfeffer
- ✓ 1 TL Kerbel gehackt zum Bestreuen

Zubereitung:

Sämtliches Gemüse in etwa 1 cm große Würfel schneiden und kurz im Olivenöl anschwitzen. Das Tomatenmark ohne Zucker hinzugeben und mitrösten. Mit dem Weißwein-Essig ablöschen und mit der klaren Suppe aufgießen. Mit Oregano, Basilikum und Anis abschmecken und mit Salz und Pfeffer würzen. Für 10 Minuten bei mittlerer Hitze köcheln lassen. Den Tintenfisch hinzu geben und für weitere 3 Minuten kochen. Vor dem Essen großzügig mit Kerbel bestreuen.

Zucchini Auflauf mit Käse

Nährwerte:

- Kalorien: 216,4 kcal
- Eiweiß: 16,2 Gramm
- Fett: 11,9 Gramm
- Kohlenhydrate: 9,7 Gramm

Für eine Person benötigen Sie:

- ✓ 1 Schalotte
- ✓ 2 Knoblauchzehen
- ✓ 2 EL Petersilienwurzel geraspelt
- ✓ 1 TL Olivenöl
- ✓ 1 TL Tomatenmark ohne Zucker
- ✓ 1 EL Balsamico Essig hell
- ✓ 100 Gramm Dosentomaten gewürfelt
- ✓ etwas Thymian getrocknet
- ✓ Salz und Pfeffer
- ✓ 1 Zucchini
- ✓ 50 Gramm geräucherter Tofu
- ✓ 50 Gramm Mozzarella light gerieben

Zubereitung:

Schalotte und Knoblauch klein schneiden und zusammen mit der Petersilienwurzel im Olivenöl leicht anrösten. Das Tomatenmark ohne Zucker hinzugeben und leicht mitrösten. Mit dem hellen Balsamico Essig ablöschen und sofort mit den gewürfelten Dosentomaten aufgießen. Mit Thymian, Salz und Pfeffer würzen. Die Zucchini in Scheiben schneiden und zusammen mit dem geräucherten Tofu in eine Auflaufform geben. Mit dem Tomaten-Sud übergießen und mit der geriebenen Mozzarella bestreuen. Das Backrohr auf 180° Celsius aufheizen und den Auflauf auf der mittleren Schiene für 12 Minuten backen.

Überbackene Pute mit Tomaten

Nährwerte:

- Kalorien: 299,5 kcal
- Eiweiß: 45,6 Gramm
- Fett: 11,1 Gramm
- Kohlenhydrate: 2,3 Gramm

Für eine Person benötigen Sie:

- ✓ 150 Gramm Putenbrust
- ✓ Salz und Pfeffer
- ✓ 1/2 rote Zwiebel
- ✓ 1 kleine Tomate
- ✓ 2 Blatt Basilikum
- ✓ 2 Scheiben Schnittkäse

Zubereitung:

Die Pute dünn klopfen, salzen und pfeffern. Zwiebel und Tomate in dünne Scheiben schneiden und die Pute damit belegen. Mit Basilikum und Schnittkäse bedecken und das Fleisch auf ein mit Backpapier belegtes Backblech geben. Auf mittlerer Schiene bei Umluft die Pute bei 180° Celsius für 15 Minuten überbacken.

Knackiger Salat mit Garnelen

Nährwerte:

- Kalorien: 344,3 kcal
- Eiweiß: 27,2 Gramm
- Fett: 21,5 Gramm
- Kohlenhydrate: 8 Gramm

Für eine Person benötigen Sie:

- ✓ 100 Gramm Garnelen ohne Kopf und Schale
- ✓ 1 EL Butter
- ✓ Salz und Pfeffer
- ✓ 1 EL Koriander grob gehackt
- ✓ 1 Spritzer Limettensaft
- ✓ 30 Gramm Rucola Salat
- ✓ 20 Gramm Radicchio Salat
- ✓ 10 Gramm Frisee Salat
- ✓ 4 Kirschtomaten
- ✓ 1/4 Salatgurke
- ✓ 1/4 Avocado
- ✓ 1 EL Himbeer Essig
- ✓ 1 TL Walnuss Öl
- ✓ 2 EL Wasser

Zubereitung:

Die Garnelen in der Butter für maximal 3 Minuten glasig braten, mit Salz und Pfeffer würzen und mit Koriander und Limettensaft verfeinern. Aus Himbeer Essig, Walnuss Öl, Wasser Salz und Pfeffer eine Marinade rühren. Die Kirschtomaten vierteln und die Gurke und die Avocado klein schneiden. Alles mit den Blattsalaten vermengen, mit dem Dressing marinieren, auf einem Teller anrichten und die Garnelen darauf verteilen.

Knackiger Salat mit Angus Steak

Nährwerte:

- Kalorien: 301,7 kcal
- Eiweiß: 34,2 Gramm
- Fett: 14,5 Gramm
- Kohlenhydrate: 6,4 Gramm

Für eine Person benötigen Sie:

- ✓ 150 Gramm Angus Steak
- ✓ Salz und Pfeffer
- ✓ 1 Zweig Thymian
- ✓ 2 Nadeln Rosmarin
- ✓ 1 EL Koriander gehackt
- ✓ 1 EL Petersilie gehackt
- ✓ Saft und Abrieb einer Bio Orange
- ✓ 80 Gramm Kopfsalat
- ✓ 1/2 rote Zwiebel
- ✓ 3 Radieschen
- ✓ 1/2 Paprika grün
- ✓ 1 EL Apfelessig naturtrüb
- ✓ 1 EL Olivenöl

Zubereitung:

Das Steak salzen und pfeffern und für 3 Minuten pro Seite medium braten. Aus der Pfanne nehmen, in Tranchen schneiden und zusammen mit Thymian, Rosmarin, Koriander, Petersilie, Saft und Abrieb der Orange zurück in die Pfanne geben und kurz durchschwenken. Zwiebel, Radieschen und Paprika klein schneiden und den Kopfsalat in mundgerechte Stücke zupfen. Alles vermengen und mit Apfelessig und Olivenöl marinieren.

Tomatensalat mit Avocado und Pinienkernen

Nährwerte:

- Kalorien: 265,7 kcal
- Eiweiß: 7,8 Gramm
- Fett: 17,8 Gramm
- Kohlenhydrate: 16,6 Gramm

Für eine Person benötigen Sie:

- ✓ 2 Tomaten
- ✓ 1/2 Avocado
- ✓ 1 Schalotte
- ✓ 1/2 Paprika gelb
- ✓ 1 EL Kidney Bohnen
- ✓ 30 Gramm Frisee Salat
- ✓ 2 EL rote Brunnenkresse
- ✓ Saft einer halben Zitrone
- ✓ 1 Spritzer Süßstoff
- ✓ Salz und Pfeffer
- ✓ 1 EL Pinienkerne geröstet

Zubereitung:

Tomate, Avocado, Schalotte und Paprika klein schneiden und zusammen mit Kidney Bohnen, Frisee Salat und der roten Brunnenkresse vermengen. Aus Zitronensaft, Süßstoff, Salz und Pfeffer eine Marinade rühren, den Salat damit marinieren und vor dem Essen mit den Pinienkernen bestreuen.

Low Carb Wurstsalat

Nährwerte:

- Kalorien: 221,1 kcal
- Eiweiß: 25,6 Gramm
- Fett: 10,5 Gramm
- Kohlenhydrate: 4,4 Gramm

Für eine Person benötigen Sie:

- ✓ 70 Gramm Geflügel-Wurst
- ✓ 30 Gramm Geflügel-Salami
- ✓ 2 Radieschen
- ✓ 1/2 Stange Staudensellerie
- ✓ 2 Gewürzgurken
- ✓ 1/2 rote Zwiebel
- ✓ 2 Blatt Radicchio Salat
- ✓ 2 EL Apfelessig
- ✓ 1 TL Distel Öl
- ✓ 3 EL Wasser
- ✓ Salz und Pfeffer
- ✓ 1 EL Petersilie gehackt
- ✓ 1 EL Schnittlauch in Röllchen

Zubereitung:

Die Wurst und Salami in Streifen schneiden. Radieschen, Staudensellerie, Gewürzgurken und Zwiebel würfeln und alles mit der Wurst gut vermengen. Den Salat als Beet auf einem Teller anrichten. Aus Apfelessig, Distel Öl, Wasser, Salz, Pfeffer und Petersilie eine Marinade rühren und den Wurstsalat damit anmachen. Auf dem Salat-Beet anrichten und vor dem Essen mit Schnittlauch bestreuen.

Geflügel-Salat

Nährwerte:

- Kalorien: 264 kcal
- Eiweiß: 24,4 Gramm
- Fett: 11,6 Gramm
- Kohlenhydrate: 13,7 Gramm

Für eine Person benötigen Sie:

- ✓ 100 Gramm Hühnerbrust
- ✓ Himalaya Salz
- ✓ 1 Messerspitze Cayenne Pfeffer
- ✓ 1 Messerspitze Curry gelb
- ✓ 1 TL Butter
- ✓ 1/4 Birne
- ✓ 1/4 Apfel
- ✓ 1/2 Stange Staudensellerie
- ✓ 1/2 Chicoree
- ✓ 1/4 rote Zwiebel
- ✓ 1/4 rote Paprika
- ✓ 1 Frühlingszwiebel
- ✓ 1 TL Sesam Öl
- ✓ 2 EL Himbeer-Essig
- ✓ 1 EL saure Sahne

Zubereitung:

Die Hühnerbrust in 2 cm große Würfel schneiden und mit Salz, Cayenne Pfeffer und Curry gut einreiben. In der Butter das Fleisch für 4 Minuten von allen Seiten gut anbraten, von der Hitze nehmen und in der Pfanne durchziehen lassen. Birne, Apfel, Staudensellerie, Chicoree, Zwiebel und Paprika klein schneiden und mit dem Fleisch vermengen. Mit Sesam Öl und Himbeer Essig marinieren und anrichten. Mit der sauren Sahne garnieren und vor dem Essen mit der fein gehackten Frühlingszwiebel bestreuen.

Blumenkohl Risotto mit Spargel und Orangen

Nährwerte:

- Kalorien: 132,8 kcal
- Eiweiß: 8,3 Gramm
- Fett: 7,6 Gramm
- Kohlenhydrate: 6,8 Gramm

Für eine Person benötigen Sie:

- ✓ 80 Gramm Blumenkohl
- ✓ 1 Schalotte
- ✓ 1 Messerspitze Ingwer frisch gerieben
- ✓ 1 TL Butter
- ✓ Saft einer halben Zitrone
- ✓ 200 ml klare Gemüsesuppe
- ✓ 1 Chili rot
- ✓ 1/2 TL Majoran frisch
- ✓ 4 Stangen grüner Spargel
- ✓ 1/2 Orange kernlos und filetiert
- ✓ 2 EL Parmesan
- ✓ Salz und Pfeffer

Zubereitung:

Den Blumenkohl mit dem Messer sehr klein hacken, er sollte die Größe von Reis aufweisen. Die Schalotte würfeln und zusammen mit dem Blumenkohl und dem Ingwer in der Butter gut anrösten. Mit dem Saft der halben Zitrone ablöschen und sofort mit der klaren Suppe aufgießen. Die Chili fein hacken und zusammen mit dem Majoran in die Pfanne geben. Alles für 10 Minuten bei mittlerer Hitze köcheln lassen. Den grünen Spargel in 0,5 cm lange Stücke schneiden und die Orange ebenfalls klein schneiden. Zusammen mit dem Spargel ins "Risotto" geben und für weitere 5 Minuten kochen. Den Parmesan einrühren, schmelzen lassen und vor dem Essen dezent mit Salz und Pfeffer abschmecken.

Geräucherte Forelle mit Meerrettich

Nährwerte:

- Kalorien: 243,7 kcal
- Eiweiß: 28,7 Gramm
- Fett: 11.9 Gramm
- Kohlenhydrate: 3,7 Gramm

Für eine Person benötigen Sie:

- ✓ 100 Gramm geräucherte Forelle
- ✓ 3 Scheiben Apfel
- ✓ 1 gekochtes Ei
- ✓ 1 EL Schmand
- ✓ 1 EL Meerrettich gerieben
- ✓ 1 TL Schnittlauch
- ✓ Salz und Pfeffer
- ✓ 1 Gewürzgurke

Zubereitung:

Die geräucherte Forelle für 5 Minuten bei 100° Celsius im Ofen leicht erwärmen. Die Äpfel in einer beschichteten Grillpfanne ohne Fett für 1 Minute pro Seite grillen. Das gekochte Ei klein hacken und mit dem Schmand, Meerrettich, Schnittlauch, Salz, Pfeffer und der gewürfelten Gewürzgurke verrühren und zusammen zur Forelle und den Äpfeln anrichten.

Gemüse-Pfanne mit geräuchertem Tofu

Nährwerte:

- Kalorien: 148,4 kcal
- Eiweiß: 9 Gramm
- Fett: 8,5 Gramm
- Kohlenhydrate: 7,9 Gramm

Für eine Person benötigen Sie:

- ✓ 1/4 Zwiebel
- ✓ 1 Knoblauchzehe
- ✓ 30 Gramm Brokkoli
- ✓ 30 Gramm Zucchini
- ✓ 20 Gramm Fenchel
- ✓ 1/4 Paprika rot
- ✓ 1/4 Paprika gelb
- ✓ 6 Stangen Thai Spargel
- ✓ 1 EL Olivenöl
- ✓ 1 TL Cajun Gewürz
- ✓ Saft einer Limette
- ✓ 100 ml klare Gemüsebrühe
- ✓ 60 Gramm geräucherter Tofu
- ✓ etwas Oregano getrocknet
- ✓ 1 Messerspitze Kreuzkümmel gemahlen
- ✓ Salz und Pfeffer

Zubereitung:

Zwiebel und Knoblauch hacken, Brokkoli, Zucchini, Fenchel, Paprika und Thai Spargel in mundgerechte Stücke schneiden und im Olivenöl anrösten. Mit dem Cajun Gewürz bestäuben und mit dem Limettensaft ablöschen. Sofort mit der Brühe aufgießen und alles für etwa 8 Minuten köcheln lassen. Den Tofu würfeln und hinzugeben, mit Oregano und Kümmel würzen, mit Salz und Pfeffer abschmecken, für weitere 5 Minuten simmern lassen und anrichten.

Gebratener Fisch mit Kresse-Salat

Nährwerte:

- Kalorien: 270 kcal
- Eiweiß: 31,8 Gramm
- Fett: 11,7 Gramm
- Kohlenhydrate: 7,4 Gramm

Für eine Person benötigen Sie:

- ✓ 150 Gramm Red Snapper
- ✓ 2 Zweige Rosmarin
- ✓ Saft und Abrieb einer unbehandelten Limette
- ✓ Salz und Pfeffer
- ✓ 1 rote Paprika
- ✓ etwas Oregano getrocknet
- ✓ 1/2 Schale Brunnenkresse
- ✓ 1/2 Schale rote Kresse
- ✓ 4 Blatt und Blüten Kapuzinerkresse
- ✓ 1/2 Schale Kresse-Sprossen
- ✓ 1 TL Kokosöl
- ✓ 1 EL Zitronensaft

Zubereitung:

Den Fisch mit dem Rosmarin spicken, mit dem Saft und Abrieb der Limette einreiben, salzen und pfeffern und zusammen mit der geviertelten Paprika in einer Grillpfanne ohne Öl braten. Die verschiedenen Kresse-Sorten gut vermengen, mit Kokosöl, Zitronensaft, Salz und Pfeffer marinieren und zusammen mit dem Fisch anrichten.

Faschierte Laibchen

Nährwerte:

- Kalorien: 300,9 kcal
- Eiweiß: 38,7 Gramm
- Fett: 11,4 Gramm
- Kohlenhydrate: 8,8 Gramm

Für eine Person benötigen Sie:

- ✓ 120 Gramm Geflügel Hackfleisch
- ✓ 1 kleine Zwiebel
- ✓ 2 Knoblauchzehen
- ✓ 1 Messerspitze Ingwer frisch gerieben
- ✓ 1 Chili rot fein gehackt
- ✓ 1/2 TL Senf scharf
- ✓ 1 TL Ketchup zuckerfrei
- ✓ 1/2 TL Paprikapulver geräuchert
- ✓ 1 Ei
- ✓ etwas Majoran getrocknet
- ✓ etwas Thymian getrocknet
- ✓ 1 EL Petersilie gehackt
- ✓ 1 TL Kerbel gehackt
- ✓ Salz und Pfeffer
- ✓ 20 Gramm Ziegenkäse
- ✓ 1 TL Öl zum Braten

Zubereitung:

Alle Zutaten gut verkneten und zu einem geschmeidigen Teig verarbeiten. Gut würzen und mit feuchten Händen zwei faschierte Laibchen formen. Diese in der Mitte mit Ziegenkäse füllen, die Öffnung wieder gut verschließen und für vier Minuten je Seite in etwas Öl braten. Die faschierten Laibchen schmecken heiß und kalt ganz hervorragend.

Konjak Bolognese

Nährwerte:

- Kalorien: 259,4 kcal
- Eiweiß: 16,4 Gramm
- Fett: 15,3 Gramm
- Kohlenhydrate: 12,2 Gramm

Für eine Person benötigen Sie:

- ✓ 1/2 Zwiebel
- ✓ 70 Gramm Rinder Hackfleisch
- ✓ 1 TL Olivenöl
- ✓ 20 Gramm Sellerie
- ✓ 20 Gramm Möhre
- ✓ 1 TL Tomatenmark zuckerfrei
- ✓ 2 EL Balsamico Essig dunkel
- ✓ 100 Gramm Tomaten passiert
- ✓ 1 Lorbeerblatt
- ✓ 1 EL Liebstöckel gehackt
- ✓ etwas Oregano getrocknet
- ✓ 1 Messerspitze Kreuzkümmel gemahlen
- ✓ 1 Prise Zimt
- ✓ Salz und Pfeffer
- ✓ 1 Spritzer Süßstoff
- ✓ 100 Gramm Konjak Nudeln
- ✓ Parmesan nach Bedarf

Zubereitung:

Die Zwiebel klein schneiden und zusammen mit dem Hackfleisch im Olivenöl gut anbraten. Den Sellerie und die Möhre raspeln und hinzugeben. Das Tomatenmark ebenfalls kurz mitrösten und mit dem Balsamico Essig ablöschen. Die Säure kurz verdampfen lassen und mit den passierten Tomaten aufgießen. Mit Lorbeerblatt, Liebstöckel, Oregano, Kümmel, Zimt, Süßstoff, Salz und Pfeffer abschmecken und alles für 15 Minuten köcheln lassen. Die Konjak Nudeln abspülen und in kochendem Wasser kurz durchschwenken, mit der Sauce anrichten und nach Bedarf mit etwas Parmesan bestreuen.

Steak Tranchen mit Dip

Nährwerte:

- Kalorien: 324,4 kcal
- Eiweiß: 45,4 Gramm
- Fett: 13,3 Gramm
- Kohlenhydrate: 3,6 Gramm

Für eine Person benötigen Sie:

- ✓ 200 Gramm Rinderlende ohne Fettrand
- ✓ etwas Himalaya Salz
- ✓ Steak-Pfeffer
- ✓ 1 Bund Koriander
- ✓ 1 TL Kokosöl
- ✓ 1 Spritzer Limettensaft
- ✓ 2 EL Quark
- ✓ 2 Erdbeeren
- ✓ 1 TL Zitronensaft
- ✓ 1 Chili

Zubereitung:

Das Fleisch salzen und pfeffern und im Ganzen für etwa 3 Minuten je Seite schön medium braten. Von der Hitze nehmen und durchziehen lassen. Koriander, Kokosöl und Limettensaft pürieren und das Fleisch damit gut bestreichen. Den Quark mit den Erdbeeren, dem Zitronensaft und der Chili pürieren, salzen und pfeffern. Das Fleisch in Tranchen schneiden und zusammen mit dem Dip servieren.

Überbackenes Eiweißbrot

Nährwerte:

- Kalorien: 359,6 kcal
- Eiweiß: 30,4 Gramm
- Fett: 15,9 Gramm
- Kohlenhydrate: 21,3 Gramm

Für eine Person benötigen Sie:

- ✓ 1/2 rote Zwiebel
- ✓ 3 EL Bacon gewürfelt
- ✓ 1/4 Paprika rot
- ✓ 1 Messerspitze Ingwer frisch gerieben
- ✓ 1/2 TL Majoran
- ✓ 2 Scheiben Eiweißbrot
- ✓ 2 EL Frischkäse
- ✓ 2 EL Bergkäse gerieben

Zubereitung:

Die Zwiebel klein schneiden und den Paprika fein würfeln. Zusammen mit dem Bacon und dem Ingwer in einer beschichteten Pfanne ohne Öl für einige Minuten goldbraun braten. Mit dem Majoran vermengen. Das Eiweißbrot mit dem Frischkäse bestreichen und mit der Speck-Masse bedecken. Mit dem Bergkäse bestreuen und im Ofen bei 200° Celsius und Umluft für 6 Minuten überbacken.

Schnelle Low Carb Käse-Suppe

Nährwerte:

- Kalorien: 207,4
- Eiweiß: 13,4 Gramm
- Fett: 16,1 Gramm
- Kohlenhydrate: 0,7 Gramm

Für eine Person benötigen Sie:

✓ 1 Schalotte
✓ 1/2 TL Butter
✓ 1 EL Weißwein Essig
✓ 250 ml kräftige Gemüsebrühe
✓ 20 Gramm Emmentaler gerieben
✓ 5 Gramm Gorgonzola
✓ 20 Gramm Tilsiter
✓ 1 Messerspitze Cayenne Pfeffer
✓ 1 EL Schnittlauch in Röllchen zum Bestreuen

Zubereitung:

Die Schalotte klein schneiden und in der Butter goldbraun braten. Mit dem Essig ablöschen, kurz verdampfen lassen und mit der kräftigen Brühe aufgießen. Die Suppe einmal gut aufkochen lassen und unter ständigem Rühren Emmentaler, Gorgonzola und Tilsiter einrühren. Sobald der Käse geschmolzen ist vom Herd nehmen, anrichten, mit Cayenne Pfeffer abschmecken und vor dem Essen mit frischem Schnittlauch bestreuen.

Pute mit scharfem Obstsalat

Nährwerte:

- Kalorien: 296 kcal
- Eiweiß: 38,8 Gramm
- Fett: 5,6 Gramm
- Kohlenhydrate: 20,6 Gramm

Für eine Person benötigen Sie:

- ✓ 150 Gramm Pute
- ✓ Salz und Pfeffer
- ✓ etwas Paprikapulver scharf
- ✓ 1/2 Mango
- ✓ 30 Gramm Papaya
- ✓ 1 Kiwi
- ✓ 2 Erdbeeren
- ✓ 1 Messerspitze Ingwer frisch gerieben
- ✓ Fruchtfleisch einer Passionsfrucht
- ✓ 2 scharfe Chili
- ✓ 1 Frühlingszwiebel
- ✓ 1 TL Kokosraspeln geröstet
- ✓ Saft und Abrieb einer Bio Zitrone
- ✓ 1 TL Koriander gehackt

Zubereitung:

Die Pute leicht klopfen, salzen, pfeffern und mit scharfem Paprika einreiben. In einer beschichteten Pfanne für 3 Minuten pro Seite braten. Das Obst in gleich große Stücke schneiden und Chili und Frühlingszwiebel fein hacken. Das Obst mit Ingwer, Passionsfrucht, Chili, Frühlingszwiebel, Kokosraspeln, Saft und Abrieb der Zitrone gut vermengen und eventuell mit Salz und Pfeffer abschmecken. Zusammen mit dem Fleisch anrichten und vor dem Essen großzügig mit Koriander bestreuen.

Sommer-Rollen

Nährwerte:

- Kalorien: 124,7 kcal
- Eiweiß: 8,9 Gramm
- Fett: 6,7 Gramm
- Kohlenhydrate: 6,4 Gramm

Für eine Person benötigen Sie:

- ✓ 4 Blatt Kopfsalat ohne Strunk
- ✓ 2 EL Frischkäse
- ✓ 2 EL Dosen Thunfisch im eigenen Saft
- ✓ 1 EL Petersilie gehackt
- ✓ Salz und Pfeffer
- ✓ 1/4 Salatgurke
- ✓ 1/2 Paprika gelb
- ✓ 1/2 Paprika rot
- ✓ 5 Blatt Basilikum
- ✓ 1/2 TL Senf scharf
- ✓ 1 TL Olivenöl
- ✓ 1 EL Apfelessig

Zubereitung:

Den Frischkäse mit dem Thunfisch, Petersilie, Salz und Pfeffer vermengen und die Salatblätter damit bestreichen. Gurke und Paprika in Streifen schneiden und den Salat damit belegen und einrollen. Das Basilikum mit dem Senf, Olivenöl und Apfelessig pürieren und als Dip zu den erfrischenden Sommerrollen anrichten.

Käse-Pancakes

Nährwerte:

- Kalorien: 644 kcal
- Eiweiß: 46,1 Gramm
- Fett: 33,1 Gramm
- Kohlenhydrate: 35,9 Gramm

Für drei dicke Pancakes benötigen Sie:

- ✓ 120 ml Magermilch
- ✓ 100 Gramm Kokosmehl
- ✓ 1 Ei
- ✓ 1 Prise Himalaya Salz
- ✓ 1 Prise Muskat gemahlen
- ✓ 50 Gramm Gouda fein gerieben
- ✓ 1 TL Weinstein Backpulver
- ✓ 1 EL Parmesan
- ✓ 1/2 Salatgurke
- ✓ 2 EL saure Sahne
- ✓ 1/2 TL Dill gehackt
- ✓ Salz und Pfeffer
- ✓ etwas Pflanzenöl zum Backen

Zubereitung:

Die Magermilch mit dem Kokosmehl und dem Ei gut glattrühren und mit Himalaya Salz und Muskat würzen. Gouda, Backpulver und Parmesan einarbeiten und in einer Pfanne in etwas Öl nach und nach drei Käse-Pancakes backen. Pro Seite sollten die Pancakes für knapp drei Minuten gebraten werden. Die Gurke klein schneiden und mit saurer Sahne, Dill, Salz und Pfeffer marinieren. Den Salat zu den Pancakes anrichten.

Fisch mit Erdbeer-Salat und grünem Pfeffer

Nährwerte:

- Kalorien: 315 kcal
- Eiweiß: 31,7 Gramm
- Fett: 16,5 Gramm
- Kohlenhydrate: 7,6 Gramm

Für eine Person benötigen Sie:

- ✓ 150 Gramm Lachsforelle
- ✓ Salz und Pfeffer
- ✓ etwas Zitronensaft
- ✓ 1 EL Butter
- ✓ 1 Zweig Rosmarin
- ✓ 80 Gramm Erdbeeren
- ✓ 10 Blatt Basilikum
- ✓ 1/2 TL grüne Pfefferkörner
- ✓ 10 Gramm Frisee Salat
- ✓ 1 TL Kokosöl

Zubereitung:

Den Fisch salzen, pfeffern und säuern und zusammen mit dem Rosmarin in der Butter braten. Die Erdbeeren in Scheiben schneiden und mit dem in Streifen geschnittenen Basilikum, dem gezupften Salat, den Pfefferkörnern und dem Kokosöl vermengen. Nach Bedarf salzen und pfeffern und zusammen mit dem Fisch anrichten.

Low Carb Abendessen - unsere Rezeptvorschläge für Sie

Mit Fisch gefüllter Chinakohl

Nährwerte:

- Kalorien: 193,2 kcal
- Eiweiß: 29 Gramm
- Fett: 4,7 Gramm
- Kohlenhydrate: 7,5 Gramm

Für eine Person benötigen Sie:

- ✓ 2 Blatt Chinakohl
- ✓ 1 TL Senf scharf
- ✓ 1 EL Petersilie gehackt
- ✓ 1 EL Kerbel gehackt
- ✓ 1 TL Dill gehackt
- ✓ 120 Gramm Pangasius Filet
- ✓ Salz und Pfeffer
- ✓ 60 Gramm Sellerie
- ✓ 1/4 Apfel
- ✓ 100 ml klare Gemüsebrühe
- ✓ 1 Prise Muskat gemahlen

Zubereitung:

Den Senf mit Petersilie, Kerbel, Dill, Salz und Pfeffer verrühren und den Fisch damit bestreichen. Den Fisch in den Chinakohl einwickeln und in eine Auflaufform geben. Sellerie und Apfel würfeln, mit Muskat würzen und auf dem Fisch verteilen. Mit der Brühe übergießen und im Backofen bei 160° Celsius für 20 Minuten backen.

Rote Bete und Birnen-Gemüse

Nährwerte:

- Kalorien: 235,7 kcal
- Eiweiß: 5,6 Gramm
- Fett: 10,9 Gramm
- Kohlenhydrate: 27,2 Gramm

Für eine Person benötigen Sie:

- ✓ 1/2 rote Zwiebel
- ✓ 1 Knoblauchzehe
- ✓ 1 kleine Birne
- ✓ 100 Gramm rote Bete gekocht
- ✓ 1/2 TL rote Currypaste
- ✓ 100 ml Kokosmilch
- ✓ 1 Messerspitze Wasabi
- ✓ 1 Lorbeerblatt
- ✓ etwas Meersalz
- ✓ 1 EL Walnüsse geröstet
- ✓ 1 EL Schnittlauch zum Bestreuen

Zubereitung:

Zwiebel und Knoblauch klein hacken, Birne und rote Bete würfeln und in einer beschichteten Pfanne zusammen mit der roten Currypaste anrösten. Mit der Kokosmilch aufgießen und mit Wasabi, Lorbeerblatt und Meersalz würzen. Die gerösteten Walnüsse einrühren und alles für etwa 8 Minuten köcheln lassen. Anrichten und vor dem Essen mit frischem Schnittlauch bestreuen.

Saltimbocca vom Seeteufel

Nährwerte:

- Kalorien: 224,7 kcal
- Eiweiß: 30,8 Gramm
- Fett: 10,4 Gramm
- Kohlenhydrate: 0,4 Gramm

Für eine Person benötigen Sie:

- ✓ 150 Gramm Seeteufel-Filet
- ✓ frischer Pfeffer aus der Mühle
- ✓ etwas Abrieb einer Bio Zitrone
- ✓ 3 Blatt Salbei
- ✓ 2 dünne Scheiben Parma Schinken
- ✓ 1 EL Butter
- ✓ 2 Scheiben Zitrone

Zubereitung:

Den Fisch pfeffern und mit dem Abrieb der Zitrone einreiben. Mit dem Salbei belegen und mit dem Parma Schinken umhüllen. In einer Pfanne in Butter von beiden Seiten für je 1 Minute anbraten. Mit der Zitrone belegen und samt Pfanne in den auf 130° Celsius aufgeheizten Backofen geben. Für 10 Minuten fertig garen.

Puten-Ragout

Nährwerte:

- Kalorien: 236,5 kcal
- Eiweiß: 33 Gramm
- Fett: 8,7 Gramm
- Kohlenhydrate: 4,9 Gramm

Für eine Person benötigen Sie:

- ✓ 120 Gramm Putenbrust
- ✓ 1 Schalotte
- ✓ 1 TL Öl
- ✓ 50 Gramm Zucchini
- ✓ 30 Gramm Auberginen
- ✓ 30 Gramm Brokkoli
- ✓ 1 TL Tomatenmark ohne Zucker
- ✓ 150 ml klare Gemüsebrühe
- ✓ 1 Lorbeerblatt
- ✓ etwas Thymian frisch
- ✓ 2 EL saure Sahne
- ✓ Salz und Pfeffer
- ✓ 1 EL Petersilie gehackt zum Bestreuen

Zubereitung:

Die Pute in 1 cm große Würfel oder dünne Streifen schneiden und mit der klein gehackten Schalotte im Öl goldbraun anrösten. Zucchini, Auberginen und Brokkoli in mundgerechte Stücke schneiden und hinzugeben. Das Tomatenmark kurz mitrösten und mit der klaren Brühe aufgießen. Mit Lorbeerblatt und Thymian würzen und alles für 8 Minuten bei mittlerer Hitze köcheln lassen. Die saure Sahne einrühren und mit Salz und Pfeffer abschmecken. Vor dem Essen großzügig mit gehackter Petersilie bestreuen.

Pute mit Orange und Mangold

Nährwerte:

- Kalorien: 293,2 kcal
- Eiweiß: 35 Gramm
- Fett: 11,8 Gramm
- Kohlenhydrate: 9,7 Gramm

Für eine Person benötigen Sie:

- ✓ 130 Gramm Putenbrust
- ✓ 1 rote Zwiebel
- ✓ 1 Knoblauchzehe
- ✓ 1 TL Butter
- ✓ Saft einer halben Orange
- ✓ 100 ml klare Gemüsebrühe
- ✓ Filets einer halben, kernlosen Orange
- ✓ 80 Gramm Mangold
- ✓ 1 Prise Anis gemahlen
- ✓ Salz und Pfeffer
- ✓ 2 EL Sahne

Zubereitung:

Die Pute in dünne Streifen schneiden und Zwiebel und Knoblauch klein würfeln. Alles zusammen in der Butter goldbraun anrösten und mit dem Orangensaft ablöschen. Sofort mit der klaren Brühe aufgießen und für 6 Minuten köcheln lassen. Die Orangenfilets klein schneiden und den Mangold in Streifen schneiden. Beides hinzugeben und mit Anis, Salz und Pfeffer würzen. Für weitere 5 Minuten bei mittlerer Hitze köcheln lassen, die Sahne einrühren und anrichten.

Gemüse-Lasagne

Nährwerte:

- Kalorien: 719 kcal
- Eiweiß: 39,4 Gramm
- Fett: 45,7 Gramm
- Kohlenhydrate: 32,3 Gramm

Für zwei Personen benötigen Sie:

- ✓ 200 Gramm passierte Tomaten
- ✓ 1 EL Oregano getrocknet
- ✓ Salz und Pfeffer
- ✓ 1 Spritzer Süßstoff
- ✓ 1/2 Aubergine
- ✓ 1 Zucchini
- ✓ 1 Möhre
- ✓ 2 Stangen Staudensellerie
- ✓ 200 Gramm saure Sahne
- ✓ 100 Gramm Käse gerieben

Zubereitung:

Die passierten Tomaten mit Oregano, Salz, Pfeffer und Süßstoff würzen. Die Aubergine und die Zucchini in 3 mm dicke Scheiben schneiden. Möhre und Staudensellerie klein würfeln und vermengen. In einer Auflaufform nun abwechselnd Auberginen, Zucchini, Möhren und Staudensellerie mit passierten Tomaten und der sauren Sahne schichten. Mit einer Schicht saurer Sahne abschließen und mit Käse bestreuen. Im Backrohr bei 180° Celsius für 20 Minuten backen, anrichten und zu zweit genießen. Die Lasagne lässt sich auch bequem einfrieren.

Gefüllte Spitz-Paprika

Nährwerte:

- Kalorien: 217,8 kcal
- Eiweiß: 16,8 Gramm
- Fett: 7,9 Gramm
- Kohlenhydrate: 18,5 Gramm

Für eine Person benötigen Sie:

- ✓ 2 Spitzpaprika
- ✓ 30 Gramm Lauch
- ✓ 30 Gramm Ziegenkäse
- ✓ 60 Gramm Frischkäse
- ✓ 2 Tomaten
- ✓ 1 TL Oregano getrocknet
- ✓ 1 Messerspitze Ingwer
- ✓ 1 Messerspitze Paprikapulver scharf
- ✓ Salz und Pfeffer

Zubereitung:

Den Lauch, Ziegenkäse und die Tomaten klein würfeln und mit dem Frischkäse, Oregano, Ingwer, Paprika, Salz und Pfeffer vermengen. Die Paprika auf einer Seite leicht anschneiden, füllen und wieder zusammendrücken. Auf ein mit Backpapier ausgelegtes Blech legen und den Ofen auf 180° Celsius aufheizen. Die Paprika bei Ober- und Unterhitze für 12 Minuten backen.

Gefüllter Wirsing mit Feta und Huhn

Nährwerte:

- Kalorien: 358,3 kcal
- Eiweiß: 30,4 Gramm
- Fett: 22 Gramm
- Kohlenhydrate: 7,2 Gramm

Für eine Person benötigen Sie:

- ✓ 2 große Wirsingblätter ohne Strunk
- ✓ 100 Gramm Hühner Hackfleisch
- ✓ 1/2 Paprika rot
- ✓ 20 Gramm Zucchini
- ✓ 30 Gramm Feta Käse
- ✓ 1 Knoblauchzehe
- ✓ 1 EL Petersilie gehackt
- ✓ Salz und Pfeffer
- ✓ 50 ml Sahne
- ✓ 50 ml klare Gemüsebrühe

Zubereitung:

Die Paprika, Zucchini, Feta und Knoblauch klein würfeln und zusammen mit dem Hackfleisch, der Petersilie, Salz und Pfeffer vermengen. Die Wirsingblätter mit der Masse befüllen, einrollen und mit einem Spieß fixieren. In eine feuerfeste Auflaufform legen und mit Sahne und Brühe übergießen. Ein weiteres Mal mit Salz und Pfeffer würzen und die Auflaufform in das auf 170° Celsius aufgeheizte Backrohr schieben. Für 20 Minuten backen und servieren.

Lamm-Steak Hawaii

Nährwerte:

- Kalorien: 335,3 kcal
- Eiweiß: 30,4 Gramm
- Fett: 17,8 Gramm
- Kohlenhydrate: 11 Gramm

Für eine Person benötigen Sie:

- ✓ 150 Gramm Lamm Steak
- ✓ Salz und Pfeffer
- ✓ 1 Zweig Rosmarin
- ✓ 2 Knoblauchzehen
- ✓ 1 EL Butter
- ✓ 2 Scheiben Ananas frisch - 1 cm dick
- ✓ 1 EL Balsamico Essig dunkel

Zubereitung:

Rosmarin und Knoblauch klein hacken und das Fleisch damit einreiben. Salzen und pfeffern und in einer Pfanne zusammen mit der Ananas braten. Das Fleisch sollte pro Seite für 3 Minuten gebraten werden. Kurz vor Schluss alles mit dem Balsamico Essig ablöschen, kurz verdampfen lassen und anrichten.

Steak küsst Garnele

Nährwerte:

- Kalorien: 321,2 kcal
- Eiweiß: 44,9 Gramm
- Fett: 13,6 Gramm
- Kohlenhydrate: 2,5 Gramm

Für eine Person benötigen Sie:

- ✓ 150 Gramm Rinderfilet
- ✓ etwas Kräutersalz
- ✓ etwas geschroteter Pfeffer
- ✓ 2 große Garnelen
- ✓ 1 EL Butter
- ✓ 4 Stangen grüner Spargel
- ✓ 1 Messerspitze Ingwer frisch gerieben
- ✓ 1 Chili rot
- ✓ Saft einer halben Zitrone

Zubereitung:

Das Fleisch mit Salz und Pfeffer gut würzen und in einer Grillpfanne ohne Fett für 2 Minuten pro Seite schön medium braten. Den Spargel zuputzen und der Länge nach halbieren. Zusammen mit den Garnelen in der Butter für gut 3 Minuten braten. Mit Ingwer und fein gehackten Chilis verfeinern, mit Zitronensaft marinieren und für eine weitere Minute durchziehen lassen, zusammen mit dem Steak servieren.

Makaroni Fleisch mit Konjak Nudeln

Nährwerte:

- Kalorien: 320,5 kcal
- Eiweiß: 31,2 Gramm
- Fett: 17,9 Gramm
- Kohlenhydrate: 6,3 Gramm

Für eine Person benötigen Sie:

- ✓ 100 Gramm Putenbrust
- ✓ 1 Zwiebel
- ✓ 3 Knoblauchzehen
- ✓ 1 EL Öl
- ✓ 30 Gramm Debreziner Würste
- ✓ 1 Chili grün
- ✓ 1 TL Tomatenmark ohne Zucker
- ✓ 80 Gramm Tomaten gewürfelt aus der Dose
- ✓ 50 Gramm Konjak Nudeln
- ✓ Majoran getrocknet
- ✓ 1 Prise Kümmel gemahlen
- ✓ Salz und Pfeffer

Zubereitung:

Die Putenbrust würfeln, Zwiebel und Knoblauch grob hacken, die Wurst in halbe Scheiben schneiden und die Chili fein hacken. Alles zusammen im Öl goldbraun anrösten. Das Tomatenmark kurz mitrösten und mit den Tomaten aus der Dose aufgießen. Die Konjak Nudeln gut abspülen und ebenfalls hinzugeben. Mit Majoran und Kümmel würzen, mit Salz und Pfeffer abschmecken, für weitere 6 Minuten köcheln, anrichten und genießen.

Arabisches Blumenkohl Risotto

Nährwerte:

- Kalorien: 180,3 kcal
- Eiweiß: 8,2 Gramm
- Fett: 12,8 Gramm
- Kohlenhydrate: 6,6 Gramm

Für eine Person benötigen Sie:

- ✓ 100 Gramm Blumenkohl
- ✓ 1 rote Zwiebel
- ✓ 2 Knoblauchzehen
- ✓ 1 TL Butter
- ✓ 100 ml klare Gemüsebrühe
- ✓ 1 Messerspitze Kurkuma gerieben
- ✓ 1 Messerspitze Kardamom gemahlen
- ✓ 1 Prise Nelkenpulver
- ✓ 1 Prise Zimt
- ✓ Salz und Pfeffer
- ✓ 3 EL türkisches Joghurt
- ✓ 1 EL Parmesan

Zubereitung:

Den Blumenkohl sehr fein hacken, er sollte die Größe von Reise haben. Zwiebel und Knoblauch ebenfalls klein schneiden und alles zusammen in der Butter goldbraun anrösten. Mit der Brühe aufgießen und mit Kurkuma, Kardamom, Nelkenpulver, Zimt, Salz und Pfeffer würzen. Bei mittlerer Hitze für 15 Minuten kochen, Joghurt und Parmesan einrühren, weitere 2 Minuten simmern lassen und anrichten.

Pute auf zitronigem Thai Spargel

Nährwerte:

- Kalorien: 255,4 kcal
- Eiweiß: 39,9 Gramm
- Fett: 6,9 Gramm
- Kohlenhydrate: 6,8 Gramm

Für eine Person benötigen Sie:

- ✓ 150 Gramm Putensteak
- ✓ 1/2 TL Five Spices Gewürz
- ✓ 1 TL Joghurt
- ✓ 10 Stangen Thai Spargel
- ✓ 1 Messerspitze Ingwer frisch gerieben
- ✓ 1 Chili rot gehackt
- ✓ 1 TL Kokosöl
- ✓ 1 TL dicke Sojasauce
- ✓ Saft einer halben Zitrone
- ✓ 50 ml klare Gemüsebrühe

Zubereitung:

Das Five Spices Gewürz mit dem Joghurt verrühren und die Pute damit marinieren. In einer Grillpfanne ohne Öl für je zwei Minuten pro Seite braten. Den Spargel zusammen mit dem Ingwer und der Chili im Kokosöl für vier Minuten braten, mit Sojasauce und Zitronensaft würzen, mit der Brühe aufgießen, für weitere 4 Minuten köcheln lassen und zusammen zur Pute servieren.

Weißer Spargel mit Bärlauchsauce

Nährwerte:

- Kalorien: 166,3 kcal
- Eiweiß: 4,6 Gramm
- Fett: 13,5 Gramm
- Kohlenhydrate: 6 Gramm

Für eine Person benötigen Sie:

- ✓ 8 Stangen weißer Spargel
- ✓ 700 ml Wasser
- ✓ 1 EL Salz
- ✓ 1 Bio Zitrone
- ✓ 1 Spritzer Süßstoff
- ✓ 2 Gewürznelken
- ✓ 1 Schalotte
- ✓ 1 EL Butter
- ✓ 1 EL Mandelmehl
- ✓ 1 Prise Muskat gemahlen
- ✓ 2 EL Bärlauch gehackt
- ✓ 1 Prise Natron
- ✓ 2 EL Sahne

Zubereitung:

Den Spargel schälen und von den harten Enden befreien. Im Salzwasser mit Zitronensaft und der ganzen Zitrone, Süßstoff und Nelken für 10 Minuten kochen. Die Schalotte klein schneiden und in der Butter hell anschwitzen. Das Mandelmehl einstreuen und kurz mitrösten und mit 100 ml vom Spargel-Sud aufgießen. Mit dem Schneebesen gut durchrühren und mit Muskat, Bärlauch und Natron aromatisieren. Einmal aufkochen lassen, mit der Sahne verfeinern und zum Spargel anrichten.

Lamm Medaillons mit Kräuter-Rettichsalat

Nährwerte:

- Kalorien: 356,2 kcal
- Eiweiß: 20,8 Gramm
- Fett: 26,6 Gramm
- Kohlenhydrate: 5,7 Gramm

Für eine Person benötigen Sie:

- ✓ 130 Gramm Lammrücken
- ✓ 1 Knoblauchzehe gehackt
- ✓ 2 Nadeln Rosmarin gehackt
- ✓ 1 Prise Nelkenpulver
- ✓ 1 Messerspitze Currypulver gelb
- ✓ 1 Messerspitze Senf
- ✓ 1 Prise Kardamom
- ✓ etwas Salz und Pfeffer
- ✓ 1 EL Butter zum Braten
- ✓ 60 Gramm Rettich
- ✓ 1 EL Apfelessig naturtrüb
- ✓ 1 Spritzer Süßstoff
- ✓ 3 EL saure Sahne
- ✓ 1 TL Petersilie gehackt
- ✓ 1 TL Schnittlauch in Röllchen
- ✓ 1/2 TL Kerbel gehackt

Zubereitung:

Knoblauch, Rosmarin, Nelkenpulver, Curry, Senf, Kardamom, Salz und Pfeffer zu einer Marinade rühren und das Lamm damit einreiben. Das Fleisch für drei Minuten pro Seite in einer Grillpfanne ohne Öl braten, in Alufolie wickeln und für zehn Minuten ruhen lassen. Den Rettich grob raspeln und mit Salz, Apfelessig und Süßstoff würzen. Für zehn Minuten marinieren lassen und gut ausdrücken. Mit der sauren Sahne, der Petersilie, Schnittlauch, Kerbel und etwas Pfeffer vermengen und zum Lamm anrichten.

Türkischer Lamm-Eintopf

Nährwerte:

- Kalorien: 367,4 kcal
- Eiweiß: 22,6 Gramm
- Fett: 27 Gramm
- Kohlenhydrate: 5,4 Gramm

Für eine Person benötigen Sie:

- ✓ 140 Gramm Lammrücken
- ✓ 1/2 Zwiebel
- ✓ 2 Knoblauchzehen
- ✓ 1 EL Olivenöl
- ✓ 2 EL Apfelessig naturtrüb
- ✓ 3 Tomaten
- ✓ 30 Gramm Auberginen
- ✓ 30 Gramm Zucchini
- ✓ 3 Okra Schoten
- ✓ 1/2 Stange Staudensellerie
- ✓ 1/2 TL Kreuzkümmel
- ✓ 1 Messerspitze Kardamom gemahlen
- ✓ Salz und Pfeffer
- ✓ 3 EL türkisches Joghurt
- ✓ 2 EL Minze gehackt

Zubereitung:

Das Lamm in Scheiben schneiden und Zwiebel und Knoblauch klein würfeln. Alles zusammen im Olivenöl scharf anbraten. Mit dem Apfelessig ablöschen. Das Gemüse klein schneiden und alles hinzugeben. Mit Kümmel, Kardamom, Salz und Pfeffer würzen und bei mittlerer Hitze für zehn Minuten köcheln lassen. Das Joghurt einrühren, anrichten und vor dem Essen mit Minze bestreuen.

Thailändischer Hühner-Eintopf

Nährwerte:

- Kalorien: 340,3 kcal
- Eiweiß: 34,7 Gramm
- Fett: 17,4 Gramm
- Kohlenhydrate: 9 Gramm

Für eine Person benötigen Sie:

- ✓ 100 Gramm Hühnerbrust ohne Haut
- ✓ 1 TL Currypaste grün
- ✓ 100 ml Kokosmilch
- ✓ 50 ml klare Gemüsebrühe
- ✓ 30 Gramm Auberginen
- ✓ 8 Erbsen-Auberginen
- ✓ 3 Stangen Thai Spargel
- ✓ 30 Gramm Hokkaido Kürbis
- ✓ 2 Champignons
- ✓ 2 Limettenblätter
- ✓ etwas Sojasauce dunkel
- ✓ 1 Spritzer Fischsauce
- ✓ 1 EL Sojasprossen
- ✓ 1 Frühlingszwiebel

Zubereitung:

Das Huhn in kleine Würfel schneiden und zusammen mit der grünen Currypaste kurz anrösten. Mit der Kokosmilch und der Brühe aufgießen und kurz aufkochen lassen. Die Auberginen, den Spargel, Kürbis und Champignons klein schneiden und alles zusammen mit den Limettenblättern in den Topf geben. Mit Sojasauce und Fischsauce abschmecken und für 7 Minuten kochen lassen. Kurz vor dem Anrichten die Sojasprossen untermengen und vor dem Essen mit gehackter Frühlingszwiebel garnieren.

Karibischer Puten-Eintopf

Nährwerte:

- Kalorien: 197,4 kcal
- Eiweiß: 24,4 Gramm
- Fett: 6,6 Gramm
- Kohlenhydrate: 9,6 Gramm

Für eine Person benötigen Sie:

- ✓ 100 Gramm Putenbrust ohne Haut
- ✓ 1/4 rote Zwiebel
- ✓ 1 Knoblauchzehe
- ✓ 1 TL Kokosöl
- ✓ 1/2 TL Kurkuma fein gerieben
- ✓ Saft einer halben Orange
- ✓ 150 ml klare Gemüsebrühe
- ✓ 1/4 Paprika grün
- ✓ 1/4 Paprika gelb
- ✓ 2 Okra Schoten
- ✓ 30 Gramm Papaya
- ✓ 1 Messerspitze Cayenne Pfeffer
- ✓ 1/2 TL Oregano frisch
- ✓ etwas Zitronen-Salz
- ✓ 1 EL Koriander grob gehackt

Zubereitung:

Die Pute in dünne Streifen schneiden und Knoblauch und Zwiebel grob hacken. Zusammen im Kokosöl anrösten und mit Kurkuma würzen. Mit dem Orangensaft ablöschen und mit der Brühe aufgießen. Paprika, Okra Schoten und Papaya klein schneiden und hinzu geben. Mit Cayenne Pfeffer, Oregano und Zitronensalz abschmecken und für acht Minuten bei mittlerer Hitze köcheln. Vor dem Essen großzügig mit grob gehacktem Koriander bestreuen.

Flammkuchen mit Thunfisch

Nährwerte:

- Kalorien: 471,2 kcal
- Eiweiß: 43,4 Gramm
- Fett: 28,5 Gramm
- Kohlenhydrate: 7 Gramm

Für eine Person benötigen Sie:

- ✓ 50 Gramm Quark
- ✓ 2 EL Kokosmehl
- ✓ 1 Ei
- ✓ 50 Gramm Käse gerieben
- ✓ 50 Gramm Schmand
- ✓ 1/2 Dose Thunfisch im eigenen Saft
- ✓ 1/2 rote Zwiebel
- ✓ 1 TL Majoran getrocknet
- ✓ Pfeffer aus der Mühle

Zubereitung:

Den Quark mit dem Kokosmehl, dem Ei und dem geriebene Käse vermengen. Auf ein mit Backpapier ausgelegtes Backblech streichen. Der Flammkuchen sollte rund bis oval sein und eine Dicke von etwa 5 mm aufweisen. Das Backrohr auf 180° Celsius aufheizen und den Boden auf der mittleren Schiene bei Ober- und Unterhitze für 10 Minuten backen. Aus dem Ofen nehmen, mit dem Schmand bestreichen und mit Thunfisch belegen. Die Zwiebel in Scheiben schneiden und darauf verteilen. Mit Majoran und Pfeffer aus der Mühle würzen. Für weitere zehn Minuten bei 180° Celsius backen.

Flammkuchen Caprese

Nährwerte:

- Kalorien: 407,5 kcal
- Eiweiß: 45,8 Gramm| Fett: 20,9 Gramm
- Kohlenhydrate: 7,8 Gramm

Für eine Person benötigen Sie:

- ✓ 80 Gramm Blumenkohl
- ✓ 3 EL Parmesan
- ✓ 1 Ei
- ✓ Salz und Pfeffer
- ✓ 1 EL Frischkäse
- ✓ 1 Kugel Mozzarella Light
- ✓ 6 Cherry Tomaten
- ✓ 1 TL Basilikum getrocknet
- ✓ einige Blätter Basilikum zum Garnieren

Zubereitung:

Den Blumenkohl im Mixer auf Reisgröße hacken oder im Mixer schreddern und mit dem Parmesan, Ei, Salz und Pfeffer vermengen. Die Masse auf ein mit Backpapier ausgelegtes Backblech streichen. Der Flammkuchen sollte rund bis oval sein und eine Dicke von etwa 5 mm aufweisen. Das Backrohr auf 180° Celsius aufheizen und den Boden auf der mittleren Schiene bei Ober- und Unterhitze für 10 Minuten backen. Aus dem Ofen nehmen und mit Frischkäse bestreichen. Den in Scheiben geschnittenen Mozzarella darauf verteilen und mit halbierten Cherry Tomaten belegen. Mit Basilikum getrocknet bestreuen und für weiter 10 Minuten bei 180° Celsius backen. Vor dem Servieren mit frischem Basilikum garnieren.

Flammkuchen Veggie Style

Nährwerte:

- Kalorien: 434,1 kcal
- Eiweiß: 35,5 Gramm
- Fett: 28,7 Gramm
- Kohlenhydrate: 6,7 Gramm

Für eine Person benötigen Sie:

- ✓ 1 Ei
- ✓ 2 EL Mandelmehl
- ✓ 50 Gramm Hüttenkäse
- ✓ 50 Gramm Käse gerieben
- ✓ 1 Prise Muskat gemahlen
- ✓ 50 Gramm Schmand
- ✓ 20 Gramm Lauch
- ✓ 20 Gramm Brokkoli
- ✓ 30 Gramm Zucchini
- ✓ 1/2 rote Zwiebel
- ✓ etwas Oregano getrocknet
- ✓ 1 Frühlingszwiebel gehackt zum Bestreuen

Zubereitung:

Das Ei mit dem Mandelmehl, dem Hüttenkäse, dem geriebenen Käse und Muskat vermengen. Auf ein mit Backpapier ausgelegtes Backblech streichen. Der Flammkuchen sollte rund bis oval sein und eine Dicke von etwa 5 mm aufweisen. Das Backrohr auf 180° Celsius aufheizen und den Boden auf der mittleren Schiene bei Ober- und Unterhitze für 10 Minuten backen. Aus dem Ofen nehmen und mit Schmand bestreichen. Das Gemüse klein schneiden und auf dem Flammkuchen verteilen. Mit Oregano würzen und für weitere zehn Minuten bei 180° Celsius backen. Vor dem Essen mit der frisch gehackten Frühlingszwiebel bestreuen.

Sous Vide gegartes Rind mit Rahm-Schwarzwurzeln

Nährwerte:

- Kalorien: 270,4 kcal
- Eiweiß: 29,9 Gramm
- Fett: 13,3 Gramm
- Kohlenhydrate: 5,3 Gramm

Für eine Person benötigen Sie:

- ✓ 150 Gramm Rinder-Filet
- ✓ 1 Zweig Rosmarin
- ✓ 2 Zweige Thymian
- ✓ 1/2 Zwiebel
- ✓ 1 TL Butter
- ✓ 60 Gramm Schwarzwurzeln
- ✓ 50 ml klare Gemüsebrühe
- ✓ 2 EL saure Sahne
- ✓ Salz und Pfeffer
- ✓ 1 Prise Kümmel gemahlen
- ✓ 1 TL Liebstöckel gehackt

Zubereitung:

Das Filet auf eine Dicke von 1,5 cm klopfen und zusammen mit dem Rosmarin und dem Thymian vakuumieren. Für 35 Minuten bei einer Wassertemperatur von 55° Celsius garen. Die Zwiebel klein schneiden und in der Butter hell anschwitzen. Die Schwarzwurzeln hinzugeben und mit der Brühe aufgießen. Für fünf Minuten bei mittlerer Hitze köcheln lassen. Mit der sauren Sahne verfeinern und mit Salz, Pfeffer und Kümmel abschmecken, den Liebstöckel einrühren und die Sauce für drei Minuten ziehen lassen. Zusammen mit dem Fleisch anrichten.

Zander mit cremigem Sellerie- und Tomatensalat

Nährwerte:

- Kalorien: 245,2 kcal
- Eiweiß: 29,6 Gramm
- Fett: 10,3 Gramm
- Kohlenhydrate: 7,8 Gramm

Für eine Person benötigen Sie:

- ✓ 150 Gramm Zander-Filet
- ✓ Salz und Pfeffer
- ✓ 1 EL Butter
- ✓ 1 Zweig Thymian
- ✓ 1 Stange Staudensellerie
- ✓ 2 Tomaten
- ✓ 1 TL Sahne Meerrettich
- ✓ 1 TL Apfelessig naturtrüb
- ✓ 1 TL Kerbel gehackt
- ✓ 50 Gramm Sauerrahm

Zubereitung:

Den Fisch salzen und pfeffern und in der Butter zusammen mit dem Thymian für zwei Minuten pro Seite glasig braten. Den Staudensellerie und die Tomaten klein schneiden und mit Sahne, Meerrettich, Apfelessig, Kerbel und Sauerrahm verrühren. Nach Bedarf mit Salz und Pfeffer abschmecken und zum Fisch anrichten.

Gegrilltes Huftsteak mit Tomaten-Ei

Nährwerte:

- Kalorien: 417,8 kcal
- Eiweiß: 57,1 Gramm
- Fett: 19,8 Gramm
- Kohlenhydrate: 2,8 Gramm

Für eine Person benötigen Sie:

- ✓ 180 Gramm Angus-Huftsteak
- ✓ 1/2 TL Senf
- ✓ Salz und Pfeffer
- ✓ Saft einer halben Limette
- ✓ 1 große Fleischtomate
- ✓ 2 TL Parmesan
- ✓ etwas Oregano getrocknet
- ✓ 2 Eier

Zubereitung:

Das Steak mit Senf bestreichen, salzen und pfeffern und in einer beschichteten Pfanne ohne Öl für 2 Minuten pro Seite anbraten. Die Tomate halbieren und vorsichtig das Fruchtfleisch herauskratzen. Mit Oregano würzen, mit Parmesan befüllen und die Eier hineinschlagen. Zum Steak in die Pfanne geben, das Fleisch mit Limettensaft beträufeln und alles bei 160° Celsius für knapp 12 Minuten garen.

Spicy Garnelenpfanne

Nährwerte:

- Kalorien: 219,4 kcal
- Eiweiß: 27,3 Gramm
- Fett: 8,8 Gramm
- Kohlenhydrate: 6,7 Gramm

Für eine Person benötigen Sie:

- ✓ 1/2 rote Zwiebel
- ✓ 1 Knoblauchzehe
- ✓ 1 EL Bacon gewürfelt
- ✓ 2 Chili scharf
- ✓ 1 TL Olivenöl
- ✓ 1/2 gelbe Paprika
- ✓ 2 Stangen grüner Spargel
- ✓ 5 Cherry Tomaten
- ✓ 120 Gramm Garnelen ohne Schale
- ✓ 2 Frühlingszwiebel
- ✓ Salz und Pfeffer
- ✓ Saft und Abrieb einer Bio Zitrone

Zubereitung:

Zwiebel, Knoblauch und Chili klein schneiden und zusammen mit dem Bacon im Olivenöl anbraten. Paprika in Streifen schneiden, den Spargel vierteln und die Tomaten halbieren, in die Pfanne dazugeben und durchschwenken. Die Garnelen in die Pfanne geben und alles für 8 Minuten braten. Mit gehackter Frühlingszwiebel, Salz, Pfeffer, Zitronensaft und Abrieb abschmecken, kurz umrühren und anrichten.

Rahm- Hackfleisch

Nährwerte:

- Kalorien: 333,5 kcal
- Eiweiß: 32,4 Gramm
- Fett: 18,7 Gramm
- Kohlenhydrate: 7,5 Gramm

Für eine Person benötigen Sie:

- ✓ 120 Gramm mageres Rinder Hackfleisch
- ✓ 1 EL Rapsöl
- ✓ 1 kleine Zwiebel
- ✓ 1 TL Currypulver gelb
- ✓ 1 EL Apfelessig naturtrüb
- ✓ 1/2 Paprika grün
- ✓ 20 Gramm Möhre
- ✓ 20 Gramm Sellerie
- ✓ 100 ml klare Gemüsebrühe
- ✓ 1/2 TL Majoran getrocknet
- ✓ 1 Prise Kreuzkümmel gemahlen
- ✓ Salz und Pfeffer
- ✓ 1 EL Parmesan gerieben
- ✓ 2 EL Frischkäse
- ✓ 1 EL Petersilie gehackt

Zubereitung:

Das Hackfleisch im Rapsöl goldbraun braten. Die Zwiebel klein schneiden und hinzugeben. Curry kurz mitrösten und mit dem Apfelessig ablöschen. Paprika, Möhre und Sellerie in 0,5 cm große Würfel schneiden und ebenfalls in die Pfanne geben. Mit der Brühe aufgießen, mit Majoran und Kümmel würzen und mit Salz und Pfeffer abschmecken. Für zehn Minuten bei mittlerer Hitze köcheln lassen, Parmesan und Frischkäse einrühren und vor dem Servieren mit Petersilie bestreuen.

Dreierlei Fleisch-Spieß

Nährwerte:

- Kalorien: 215,4 kcal
- Eiweiß: 30,5 Gramm
- Fett: 7,7 Gramm
- Kohlenhydrate: 5,3 Gramm

Für eine Person benötigen Sie:

- ✓ 40 Gramm Putenbrust
- ✓ 40 Gramm Schweinefilet
- ✓ 40 Gramm Rinderfilet
- ✓ 2 Champignons
- ✓ 1 Pfefferoni
- ✓ 2 Cherry Tomaten
- ✓ 1 kleines Stück Ananas
- ✓ Salz und Pfeffer
- ✓ 1 TL Joghurt
- ✓ 1 Messerspitze Currypulver
- ✓ 1 Scheibe Bauchspeck

Zubereitung:

Das Fleisch in gleich große Stücke schneiden. Die Pute mit Salz, Pfeffer, Joghurt und Currypulver marinieren, das Schweinefilet mit Speck umwickeln und das Rind salzen und pfeffern. Alle Zutaten abwechselnd auf einen Spieß fädeln. Diesen für 3 Minuten pro Seite gut braten.

Gegrillter Feta Käse

Nährwerte:

- Kalorien: 261,6 kcal
- Eiweiß: 24,1 Gramm
- Fett: 16,6 Gramm
- Kohlenhydrate: 3,8 Gramm

Für eine Person benötigen Sie:

- ✓ 120 Gramm Feta Käse schnittfest
- ✓ 1 TL Chili Öl
- ✓ 20 Gramm Fenchel
- ✓ 1 Tomate
- ✓ 4 Oliven ohne Kern
- ✓ 1 TL Kerbel gehackt
- ✓ Saft einer halben Zitrone
- ✓ 15 Gramm Rucola Salat
- ✓ Salz und Pfeffer

Zubereitung:

Den Feta mit Chili Öl bepinseln und in einer beschichteten, sehr heißen Pfanne für gut eine Minute pro Seite grillen. Den Fenchel raspeln, die Tomate klein schneiden und mit den halbierten Oliven, Rucola und dem Kerbel vermengen. Mit Zitronensaft, Salz und Pfeffer abschmecken und zum Feta anrichten.

Indische Putenpfanne mit Brokkoli

Nährwerte:

- Kalorien: 246 kcal
- Eiweiß: 34,2 Gramm
- Fett: 7,5 Gramm
- Kohlenhydrate: 7,7 Gramm

Für eine Person benötigen Sie:

- ✓ 120 Gramm Putenbrust
- ✓ 1 Schalotte
- ✓ 1 Chili grün
- ✓ 1 Messerspitze Ingwer frisch gerieben
- ✓ 1 TL gelbe Currypaste
- ✓ Saft einer Limette
- ✓ 100 ml klare Gemüsebrühe
- ✓ 100 Gramm Brokkoli
- ✓ 1 Prise Zimt
- ✓ 2 EL Joghurt
- ✓ Salz und Pfeffer
- ✓ 1 EL geröstete Erdnüsse zum Bestreuen

Zubereitung:

Die Pute in dünne Streifen schneiden, Schalotte und Chili hacken und zusammen mit dem Ingwer und der Currypaste in einer Pfanne anrösten. Für fünf Minuten braten, mit Limettensaft ablöschen und mit der Brühe aufgießen. Für weitere fünf Minuten bei mittlerer Hitze köcheln lassen. Den Brokkoli in Rosen teilen und hinzugeben. Mit Zimt, Salz und Pfeffer würzen und für weitere fünf Minuten köcheln. Das Joghurt einrühren und vor dem Essen mit den gerösteten Erdnüssen bestreuen.

Rosmarin Hühnerschenkel mit rote Bete Carpaccio

Nährwerte:

- Kalorien: 330,5 kcal
- Eiweiß: 21,4 Gramm
- Fett: 24,6 Gramm
- Kohlenhydrate: 8,8 Gramm

Für eine Person benötigen Sie:

- ✓ 1 Hühnerkeule mit Haut
- ✓ 1 Knoblauchzehe
- ✓ 3 Nadeln Rosmarin
- ✓ 2 Pfefferkörner
- ✓ etwas grobes Meersalz
- ✓ 1 Messerspitze Ingwer frisch gerieben
- ✓ 1 rote Bete gekocht
- ✓ Saft einer halben Limette
- ✓ 1 TL Meerrettich fein gerieben
- ✓ 2 EL saure Sahne
- ✓ 1 TL Walnüsse geröstet
- ✓ 1 EL Brunnenkresse

Zubereitung:

Den Knoblauch mit dem Rosmarin, den Pfefferkörnern, Meersalz und Ingwer im Mörser gut zerstoßen und das Huhn damit einreiben. Auf den Grillrost legen und bei 180° Celsius und Umluft für 35 Minuten braten. Rote Bete in hauchdünne Scheiben schneiden und schön auf einem Teller anrichten, den Limettensaft mit dem Meerrettich, der sauren Sahne und etwas Salz verrühren und darauf verteilen. Mit Walnüssen und Kresse bestreuen und zusammen mit der Hühnerkeule anrichten.

Chicken Wings US-Style

Nährwerte:

- Kalorien: 323,6 kcal
- Eiweiß: 28,4 Gramm
- Fett: 20,6 Gramm
- Kohlenhydrate: 6 Gramm

Für eine Person benötigen Sie:

- ✓ 8 Chicken Wings
- ✓ 1 Schalotte
- ✓ 1 Knoblauchzehe
- ✓ 1 TL Ingwer fein gerieben
- ✓ 100 ml Cola light
- ✓ 100 Gramm passierte Tomaten
- ✓ 1 EL dunkle Sojasauce
- ✓ 2 Chili rot
- ✓ 1 TL Majoran
- ✓ 1 Messerspitze Anispulver

Zubereitung:

Die Schalotte mit dem Knoblauch, Ingwer, Cola light, Tomaten, Sojasauce, Chili, Majoran und Anis in einen Topf geben und gut aufkochen lassen. Mit dem Stabmixer pürieren und die Flügerl darin einlegen. Am besten über Nacht in einer verschließbaren Tupper Dose lagern. Danach die Flügerl auf einen Grillrost legen und bei 200° Celsius für 20 Minuten knusprig backen.

Huhn mit Schalotten aus dem Römertopf

Nährwerte:

- Kalorien: 258,8 kcal
- Eiweiß: 42,5 Gramm
- Fett: 4,8 Gramm
- Kohlenhydrate: 7,5 Gramm

Für eine Person benötigen Sie:

- ✓ 1 Hühnerbrust ohne Haut
- ✓ Salz und Pfeffer
- ✓ 6 Schalotten
- ✓ 2 Tomaten
- ✓ 1 Zweig Thymian
- ✓ 1 Zweig Rosmarin
- ✓ 2 Knoblauchzehen
- ✓ 100 ml klare Gemüsebrühe

Zubereitung:

Die Tomaten vierteln, die Schalotten halbieren und zusammen mit den restlichen Zutaten in den Römertopf geben. Diesen verschließen und im Backrohr bei 180° Celsius für 30 Minuten schmoren.

Pute im Auberginen-Mantel mit Tomatensauce

Nährwerte:

- Kalorien: 266,7 kcal
- Eiweiß: 31 Gramm
- Fett: 10,3 Gramm
- Kohlenhydrate: 11,3 Gramm

Für eine Person benötigen Sie:

- ✓ 120 Gramm Putenbrust
- ✓ 1/2 Aubergine
- ✓ Salz und Pfeffer
- ✓ 1 EL Olivenöl
- ✓ 3 Knoblauchzehen
- ✓ 1/2 Bund Basilikum
- ✓ 150 Gramm gewürfelte Tomaten aus der Dose

Zubereitung:

Die Pute in 2 cm dicke Streifen schneiden und die Aubergine der Länge nach in etwa 3 mm dicke Scheiben schneiden. Das Fleisch salzen und pfeffern und in der Aubergine einrollen. Im Olivenöl scharf anbraten und in eine kleine Auflaufform legen. Knoblauch und Basilikum fein hacken und zusammen mit den Tomaten über die Auberginen-Rollen gießen. Im Ofen bei 170° Celsius auf der mittleren Schiene für 20 Minuten garen.

Lachs mit Gurken-Dillgemüse

Nährwerte:

- Kalorien: 319,6 kcal
- Eiweiß: 34,1 Gramm
- Fett: 15,7 Gramm
- Kohlenhydrate: 10,2 Gramm

Für eine Person benötigen Sie:

- ✓ 150 Gramm Lachsfilet ohne Haut
- ✓ Salz und Pfeffer
- ✓ 1 Salatgurke
- ✓ 1 Messerspitze Ingwer frisch gerieben
- ✓ 1/2 rote Zwiebel
- ✓ 1 EL Dill gehackt
- ✓ 100 Gramm Sauerrahm
- ✓ 1 TL süßer Senf

Zubereitung:

Den Fisch salzen und pfeffern und die Salatgurke grob würfeln. Die Zwiebel klein schneiden und zusammen mit dem Ingwer, Dill, Sauerrahm und süßem Senf vermengen. Die Gurke mit der Sauce in eine kleine Auflaufform geben und den Lachs darauflegen. Bei 170° Celsius für 20 Minuten bei Ober- und Unterhitze garen.

Low Carb Snacks - unsere Rezeptvorschläge für Sie

Brokkoli Muffins mit Ei

Nährwerte:

- Kalorien: 103 kcal
- Eiweiß: 10,2 Gramm
- Fett: 5,9 Gramm
- Kohlenhydrate: 1,6 Gramm

Für zwei Muffins benötigen Sie:

- ✓ 30 Gramm Brokkoli
- ✓ 1 Ei
- ✓ 1 EL Frischkäse
- ✓ 1 EL Mandelmehl
- ✓ Salz und Pfeffer

Zubereitung:

Alle Zutaten mit dem Stabmixer gut pürieren und in zwei Muffin Formen füllen. Das Backrohr auf 170° Celsius aufheizen und die Brokkoli Muffins für 12 Minuten auf der mittleren Schiene bei Umluft backen.

Shake zum Entgiften

Nährwerte:

- Kalorien: 12 kcal
- Eiweiß: 0,5 Gramm
- Fett: 0,4 Gramm
- Kohlenhydrate: 1,2 Gramm

Für eine Person benötigen Sie:

- ✓ 150 ml grüner Tee
- ✓ 1 Limette
- ✓ 1/2 cm Ingwer geschält
- ✓ 2 Stiele Koriander mit Wurzel
- ✓ 1/2 Salatgurke

Zubereitung:

Alle Zutaten in den Standmixer geben und zu einem erfrischenden Shake mixen. Nach Wunsch mit einigen Eiswürfeln genießen.

Kleiner Eier-Salat

Nährwerte:

- Kalorien: 91,4 kcal
- Eiweiß: 6,5 Gramm
- Fett: 6,2 Gramm
- Kohlenhydrate: 1,8 Gramm

Für eine Person benötigen Sie:

- ✓ 1 gekochtes Ei
- ✓ 1 EL Sauerrahm
- ✓ 1/2 Knoblauchzehe
- ✓ 1 TL Petersilie gehackt
- ✓ 1 kleine Gewürzgurke
- ✓ 1 TL Paprika rot, klein gewürfelt
- ✓ Salz und Pfeffer

Zubereitung:

Das Ei in Scheiben schneiden, den Knoblauch fein hacken oder pressen und mit dem Sauerrahm, der Petersilie, der gewürfelten Gewürzgurke und dem Paprika glattrühren. Das Ei vorsichtig untermengen und dezent mit Salz und Pfeffer abschmecken.

Low Carb Sandwich mit Chinakohl

Nährwerte:

- Kalorien: 121,2 kcal
- Eiweiß: 13 Gramm
- Fett: 6,6 Gramm
- Kohlenhydrate: 1,5 Gramm

Für eine Person benötigen Sie:

- ✓ 2 Blatt Chinakohl
- ✓ 1 EL Frischkäse
- ✓ 1 TL Koriander gehackt
- ✓ 2 Scheiben Puten-Schinken
- ✓ 2 Scheiben Emmentaler Käse
- ✓ 4 dünne Scheiben Salatgurke
- ✓ Salz und Pfeffer

Zubereitung:

Den Chinakohl mit dem Frischkäse bestreichen und mit dem Koriander bestreuen, mit Schinken und Käse belegen, mit Gurke abrunden und nach Bedarf salzen und pfeffern.

Roastbeef Röllchen

Nährwerte:

- Kalorien: 117,2 kcal
- Eiweiß: 14,2 Gramm
- Fett: 5,7 Gramm
- Kohlenhydrate: 1,5 Gramm

Für eine Person benötigen Sie:

- ✓ 3 dünne Scheiben Roastbeef
- ✓ 1 EL Ziegenkäse weich
- ✓ 1 EL saure Sahne
- ✓ 1/4 Paprika rot
- ✓ 1 Radieschen
- ✓ 1 TL Schnittlauch in Röllchen
- ✓ 1 Messerspitze Senf
- ✓ Salz und Pfeffer

Zubereitung:

Den Ziegenkäse mit der sauren Sahne glatt rühren. Paprika und Radieschen fein würfeln und untermengen. Mit Schnittlauch, Senf, Salz und Pfeffer abschmecken und das Roastbeef damit bestreichen, einrollen und als Snack genießen.

Staudensellerie mit Dip

Nährwerte:

- Kalorien: 51,7 kcal
- Eiweiß: 6,1 Gramm
- Fett: 0,5 Gramm
- Kohlenhydrate: 5,4 Gramm

Für eine Person benötigen Sie:

- ✓ 2 Stangen Staudensellerie
- ✓ 3 EL Quark
- ✓ 1 EL Tomatensaft zuckerfrei
- ✓ etwas Himalaya Salz
- ✓ 1 Messerspitze Cayenne Pfeffer
- ✓ 1 Prise Anispulver
- ✓ etwas Oregano frisch

Zubereitung:

Den Staudensellerie schälen und in Sticks schneiden. Den Quark mit dem Tomatensaft glatt rühren und mit Salz und Cayenne Pfeffer abschmecken. Mit Anis und Oregano würzen und zum Staudensellerie anrichten.

Würziger Tomatensalat mit Koriander

Nährwerte:

- Kalorien: 90,5 kcal
- Eiweiß: 4 Gramm
- Fett: 6,2 Gramm
- Kohlenhydrate: 4 Gramm

Für eine Person benötigen Sie:

- ✓ 2 Tomaten
- ✓ 1/4 rote Zwiebel
- ✓ 1 Chili grün
- ✓ 1 TL Koriander gehackt
- ✓ 1 TL Apfelessig naturtrüb
- ✓ 1 TL Kokosöl
- ✓ 1 TL Gouda kleine gewürfelt
- ✓ 1 Spritzer Sojasauce hell

Zubereitung:

Die Tomaten, Zwiebel und Chili klein würfeln und mit dem Koriander vermengen. Mit Apfelessig und Kokosöl marinieren und mit Sojasauce abschmecken. Vor dem Essen mit dem gewürfelten Gouda bestreuen.

Joghurt Drink

Nährwerte:

- Kalorien: 82,7 kcal
- Eiweiß: 4,3 Gramm
- Fett: 4,2 Gramm
- Kohlenhydrate: 6,3 Gramm

Für eine Person benötigen Sie:

- ✓ 100 Gramm Joghurt
- ✓ 50 ml Mandelmilch
- ✓ 1 Prise Pfeffer
- ✓ 1 Prise Himalaya Salz
- ✓ 1 Messerspitze Kurkuma gemahlen
- ✓ 1 Prise Zimt
- ✓ eine kleine Messerspitze Ingwer fein gerieben
- ✓ 1 Spritzer Süßstoff
- ✓ 2 Tropfen Kokosöl

Zubereitung:

Alle Zutaten in ein hohes Gefäß geben und mit dem Stabmixer fein vermengen. Nach Bedarf mit einigen Eiswürfeln servieren.

Gefüllte Eier

Nährwerte:

- Kalorien: 109 kcal
- Eiweiß: 9,7 Gramm
- Fett: 6,5 Gramm
- Kohlenhydrate: 2 Gramm

Für eine Person benötigen Sie:

- ✓ 1 gekochtes Ei
- ✓ 1 EL Frischkäse
- ✓ 1 Messerspitze Senf scharf
- ✓ Salz und Pfeffer
- ✓ etwas Dill gehackt zum Bestreuen

Zubereitung:

Das gekochte Ei vorsichtig halbieren und den Dotter entfernen. Diesen mit der Gabel zerdrücken und mit dem Frischkäse und dem Senf verrühren. Mit Salz und Pfeffer abschmecken und die Eier-hälften wieder damit befüllen. Mit Dill bestreuen und als Snack genießen.

Schinken Rollen

Nährwerte:

- Kalorien: 72,5 kcal
- Eiweiß: 11,5 Gramm
- Fett: 1,9 Gramm
- Kohlenhydrate: 1,9 Gramm

Für eine Person benötigen Sie:

- ✓ 4 Scheiben Putenschinken
- ✓ 2 EL Quark
- ✓ 1 TL Parmesan fein gerieben
- ✓ 1 TL Schnittlauch in Röllchen
- ✓ Salz und Pfeffer
- ✓ 4 Gurkensticks mit 5 cm
- ✓ 4 Blatt Rucola

Zubereitung:

Den Quark mit dem Parmesan und dem Schnittlauch glattrühren und mit Salz und Pfeffer würzen. Den Schinken damit bestreichen. Mit den Gurken und dem Rucola belegen, einrollen und als Snack genießen.

Schokoladen Eiweißshake

Nährwerte:

- Kalorien: 98,8 kcal
- Eiweiß: 6,6 Gramm
- Fett: 2,5 Gramm
- Kohlenhydrate: 11,8 Gramm

Für eine Person benötigen Sie:

- ✓ 150 ml Sojamilch
- ✓ 2 EL Eiweißpulver mit Schokoladen Geschmack
- ✓ 1 TL doppelt entölter Kakao
- ✓ 1 Orange kernlos und filetiert
- ✓ 1 EL Cottage Cheese
- ✓ 1 kleine Messerspitze Ingwer gerieben
- ✓ 1 kleine Prise Himalaya Salz

Zubereitung:

Alle Zutaten in den Mixer geben und zu einem leckeren Schoko-Shake mixen. Sie können an heißen Tagen auch einige Eiswürfel mit in den Mixer geben. Dieser Shake ist eine tolle Alternative zu Schokoladen Eis.

Möhrensalat

Nährwerte:

- Kalorien: 87,6 kcal
- Eiweiß: 1,2 Gramm
- Fett: 3,3 Gramm
- Kohlenhydrate: 12,7 Gramm

Für eine Person benötigen Sie:

- ✓ 1/2 Möhre
- ✓ Saft einer halben Orange
- ✓ 1 Frühlingszwiebel
- ✓ 1/2 saurer Apfel
- ✓ 1 EL Petersilie grob gehackt
- ✓ Salz und Pfeffer
- ✓ 1/2 TL Walnuss Öl

Zubereitung:

Die Möhre fein raspeln und sofort mit dem Orangensaft vermengen. Die Frühlingszwiebel hacken und den Apfel würfeln. Beides zusammen mit der grob gehackten Petersilie untermengen, mit Salz, Pfeffer und Walnuss Öl marinieren und als erfrischenden Snack genießen. Anstatt Petersilie können Sie auch Minze verwenden - so wird der Salat noch erfrischender.

Scharfe gegrillte Hühnersticks

Nährwerte:

- Kalorien: 92 kcal
- Eiweiß: 13 Gramm
- Fett: 3,1 Gramm
- Kohlenhydrate: 2,4 Gramm

Für eine Person benötigen Sie:

- ✓ 50 Gramm Hühnerbrust ohne Haut
- ✓ Salz und Pfeffer
- ✓ 1 EL Joghurt
- ✓ 1/2 Chili fein gehackt
- ✓ 1 Messerspitze Ingwer fein gerieben
- ✓ 1 TL Petersilie fein gehackt
- ✓ 1 TL Sesam schwarz

Zubereitung:

Das Fleisch salzen und pfeffern und für je eine Minute in einer beschichteten Pfanne grillen. Aus der Pfanne nehmen. Joghurt mit Chili, Ingwer, Petersilie und Sesam verrühren und das Fleisch damit bestreichen. Für eine weitere Minute pro Seite in der Pfanne grillen, herausnehmen, in Streifen schneiden und als Snack genießen.

Käse-Sticks mit Dip

Nährwerte:

- Kalorien: 181,6 kcal
- Eiweiß: 13,3 Gramm
- Fett: 12 Gramm
- Kohlenhydrate: 3,8 Gramm

Für eine Person benötigen Sie:

- ✓ 20 Gramm Tilsiter
- ✓ 20 Gramm Emmentaler
- ✓ 20 Gramm Mango
- ✓ 1 EL Kräuter Frischkäse
- ✓ 1 Stiel Koriander
- ✓ Salz und Pfeffer
- ✓ 1 Spritzer Limettensaft

Zubereitung:

Den Käse in Sticks schneiden und auf einem Teller anrichten. Die Mango mit dem Frischkäse und dem Koriander pürieren, mit Salz, Pfeffer und Limettensaft abschmecken und als Dip zum Käse anrichten.

Pikanter Shake mit Weizenkleie

Nährwerte:

- Kalorien: 40,3 kcal
- Eiweiß: 2,5 Gramm
- Fett: 1,9 Gramm
- Kohlenhydrate: 3,1 Gramm

Für eine Person benötigen Sie:

- ✓ 100 ml lauwarme, klare Gemüsebrühe
- ✓ 1 EL Weizenkleie
- ✓ 1/4 Salatgurke
- ✓ 1/2 TL Dill
- ✓ 1 EL saure Sahne
- ✓ 1 Prise Himalaya Salz
- ✓ 1/2 rote Chili

Zubereitung:

Alle Zutaten im Mixer pürieren und für 10 Minuten quellen lassen. Ein weiteres Mal gut durchrühren und als sättigenden Shake genießen.

Gurken Röllchen

Nährwerte:

- Kalorien: 48,6 kcal
- Eiweiß: 5,6 Gramm
- Fett: 1,6 Gramm
- Kohlenhydrate: 2,7 Gramm

Für eine Person benötigen Sie:

- ✓ 1/4 Salatgurke
- ✓ 15 Gramm Räucherlachs
- ✓ 1/2 TL Dill gehackt
- ✓ 1 EL Paprika gelb klein gewürfelt
- ✓ 1 Kapern-Beere
- ✓ 2 EL Quark
- ✓ Salz und Pfeffer

Zubereitung:

Die Gurke in dünne Scheiben schneiden und mit dem Lachs belegen. Den Dill mit dem Paprika, der fein gehackten Kapern Beere, dem Quark, Salz und Pfeffer vermengen und den Lachs damit bestreichen. Alles vorsichtig einrollen und als eleganten Snack genießen. Diese Häppchen sind auch der Hit auf jedem Brunch Buffet.

Salat mit Pak Choi und Koriander

Nährwerte:

- Kalorien: 73,3 kcal
- Eiweiß: 4 Gramm
- Fett: 5 Gramm
- Kohlenhydrate: 2,4 Gramm

Für eine Person benötigen Sie:

- ✓ 2 kleine Pak Choi
- ✓ 4 Cherry Tomaten
- ✓ 1/2 Bund Koriander grob gehackt
- ✓ 1 EL Zitronensaft
- ✓ 1 TL Sesam Öl
- ✓ Salz und Pfeffer
- ✓ 1 EL Flusskrebse gegart in Lake

Zubereitung:

Den Pak Choi in Streifen schneiden und die Tomaten vierteln. Mit dem Koriander vermengen und alles mit Zitronensaft, Sesam Öl, Salz und Pfeffer marinieren. Den Salat anrichten und mit den Flusskrebsen garnieren. Sie können dafür auch Cocktail Shrimps verwenden.

Schnelle Low Carb Blitz-Suppe

Nährwerte:

- Kalorien: 51,2 kcal
- Eiweiß: 2,6 Gramm
- Fett: 2,3 Gramm
- Kohlenhydrate: 4,5 Gramm

Für eine Person benötigen Sie:

- ✓ 50 Gramm Rahmspinat
- ✓ 1/2 Zwiebel
- ✓ 150 ml klare Gemüsebrühe
- ✓ 1 Prise Muskat gemahlen
- ✓ Salz und Pfeffer
- ✓ 1 Frühlingszwiebel
- ✓ 1 TL Sauerrahm

Zubereitung:

Die Zwiebel klein hacken und den Rahmspinat grob durchhacken. In der Brühe erhitzen und für 6 Minuten kochen lassen. Mit Muskat, Salz und Pfeffer würzen. Anrichten und mit Sauerrahm und gehackter Frühlingszwiebel als Topping genießen. Sie können das Topping auch in die Suppe einrühren.

Knusprige Möhren

Nährwerte:

- Kalorien: 121,8 kcal
- Eiweiß: 7,1 Gramm
- Fett: 5,7 Gramm
- Kohlenhydrate: 9,7 Gramm

Für eine Person benötigen Sie:

- ✓ 1 Möhre
- ✓ 1 Eiweiß
- ✓ 1 Prise Himalaya Salz
- ✓ 1 TL Haferkleie
- ✓ 1 TL Sesam schwarz
- ✓ 1 TL Sesam hell

Zubereitung:

Die Möhre in 0,5 cm dicke Stifte schneiden. Das Eiweiß mit dem Salz verquirlen und die Haferkleie mit Sesam hell und schwarz vermengen. Die Möhre durch das Eiweiß ziehen und in der Sesam-Mischung wälzen. Auf ein mit Backpapier ausgelegtes Backblech legen und das Rohr auf 180° Celsius aufheizen. Auf der mittleren Schiene bei Umluft für etwa 10 Minuten knusprig braten.

Pilze in Tempura Teig

Nährwerte:

- Kalorien: 165,1 kcal
- Eiweiß: 15,4 Gramm
- Fett: 7,4 Gramm
- Kohlenhydrate: 8,1 Gramm

Für eine Person benötigen Sie:

- ✓ 4 Kräuterseitlinge
- ✓ 1 TL Mandelmehl
- ✓ 1 Ei
- ✓ 1 EL Hüttenkäse
- ✓ 1,5 EL Kokosmehl
- ✓ 1 Messerspitze Weinstein Backpulver
- ✓ 1 TL Petersilie fein gehackt
- ✓ Salz und Pfeffer

Zubereitung:

Die Pilze putzen und halbieren und im Mandelmehl wälzen, mit dem Hüttenkäse und dem Kokosmehl glattrühren. Backpulver und Petersilie einrühren und mit Salz und Pfeffer würzen. Die bemehlten Pilze durch die Masse ziehen und auf ein mit Backpapier ausgelegtes Backblech oder in den Airfryer geben. Für 10 Minuten bei 180° Celsius knusprig braten.

Ei in Senf-Sauce

Nährwerte:

- Kalorien: 171,8 kcal
- Eiweiß: 14,4 Gramm
- Fett: 10,2 Gramm
- Kohlenhydrate: 4,5 Gramm

Für eine Person benötigen Sie:

- ✓ 2 hart gekochte Eier
- ✓ 3 EL Joghurt
- ✓ 1 EL Petersilie gehackt
- ✓ 1 TL Senf scharf
- ✓ 1 TL Senf süß
- ✓ Salz und Pfeffer
- ✓ 1 EL Gewürzgurken Sud

Zubereitung:

Das Joghurt mit der Petersilie, dem Senf und dem Sud der Gewürzgurken glattrühren und mit Salz und Pfeffer abschmecken. Die Eier schälen und zusammen mit der Sauce snacken.

Quark Wölkchen

Nährwerte:

- Kalorien: 248,5 kcal
- Eiweiß: 21,4 Gramm
- Fett: 15,2 Gramm
- Kohlenhydrate: 4,8 Gramm

Für vier Stück benötigen Sie:

- ✓ 2 Eier
- ✓ 60 Gramm Quark
- ✓ 1 Prise Himalaya Salz
- ✓ etwas Muskat gerieben
- ✓ 2 EL Sesam zum Bestreuen

Zubereitung:

Die Eier trennen und das Eiweiß zu einem steifen Schnee schlagen. Das Eigelb mit dem Quark glatt rühren und mit Salz und Muskat würzen. Den Eischnee unterheben und ein Blech mit Backpapier auslegen. Den Ofen auf 160° Celsius aufheizen. Mit dem Löffel vier gleichgroße Portionen auf das Blech setzen und die Wolken mit Sesam bestreuen. Auf mittlerer Schiene bei Ober- und Unterhitze für 25 Minuten backen.

Eiweiß Quark und Zitrone

Nährwerte:

- Kalorien: 81 kcal
- Eiweiß: 15,9 Gramm
- Fett: 0,3 Gramm
- Kohlenhydrate: 3,2 Gramm

Für eine Person benötigen Sie:

- ✓ 80 Gramm Quark
- ✓ 1 Eiweiß
- ✓ Saft einer halben Zitrone
- ✓ 1 EL Zitronenmelisse gehackt
- ✓ Süßstoff nach Bedarf

Zubereitung:

Den Quark mit dem Zitronensaft glattrühren und die Zitronenmelisse unterrühren. Das Eiweiß steif schlagen und vorsichtig unterheben. Nach Bedarf mit Süßstoff abschmecken.

Joghurt mit Flohsamenschalen und Kürbiskernen

Nährwerte:

- Kalorien: 100,2 kcal
- Eiweiß: 6,7 Gramm
- Fett: 4,7 Gramm
- Kohlenhydrate: 7,1 Gramm

Für eine Person benötigen Sie:

- ✓ 100 Gramm Joghurt
- ✓ 1 TL Flohsamenschalen
- ✓ 1 EL Orangensaft frisch gepresst oder zuckerfrei
- ✓ 1 EL Minze gehackt
- ✓ 1 EL Kürbiskerne geschrotet und geröstet
- ✓ 1 Prise Himalaya Salz
- ✓ Süßstoff nach Bedarf

Zubereitung:

Alle Zutaten vermengen und für gut 10 Minuten quellen lassen. Ein weiteres Mal durchrühren und nach Bedarf mit Süßstoff süßen.

Biskuit mit Tomaten und Mozzarella

Nährwerte:

- Kalorien: 278,7 kcal
- Eiweiß: 30,9 Gramm
- Fett: 14,2 Gramm
- Kohlenhydrate: 5 Gramm

Für zwei Personen benötigen Sie:

- ✓ 1 Ei
- ✓ 30 Gramm Mandelmehl
- ✓ 1 Messerspitze Weinstein Backpulver
- ✓ 1 TL Basilikum gehackt
- ✓ Salz und Pfeffer
- ✓ 1 Tomate
- ✓ 1/2 Kugel Mozzarella light
- ✓ etwas Oregano getrocknet

Zubereitung:

Das Ei trennen und das Eiweiß zu einem steifen Schnee schlagen. Das Eigelb mit dem Mandelmehl verquirlen. Das Backpulver, Basilikum, Salz und Pfeffer einarbeiten und vorsichtig den Eischnee unterheben. In eine feuerfeste Auflaufform füllen, diese am besten mit Backpapier auslegen. Die Tomate würfeln und Mozzarella in dünne Scheiben schneiden. Mit beidem das Biskuit belegen, mit Oregano bestreuen. Den Ofen auf 170° Celsius aufheizen und das Biskuit bei Ober- und Unterhitze auf der mittleren Schiene für 20 Minuten backen.

Knuspriger Bacon

Nährwerte:

- Kalorien: 170 kcal
- Eiweiß: 11,1 Gramm
- Fett: 12,2 Gramm
- Kohlenhydrate: 2,7 Gramm

Für eine Person benötigen Sie:

- ✓ 6 Scheiben Bauchspeck
- ✓ 1 Prise Kardamom gemahlen

Zubereitung:

Den Bauchspeck mit dem Kardamom bestreuen und auf ein mit Backpapier ausgelegtes Backblech legen. Bei 200° Celsius und Umluft auf mittlerer Schiene für 10 Minuten knusprig backen. Sie können den Bacon auch im Airfryer oder in einer beschichteten Pfanne ohne Öl braten.

Hackfleisch Minis

Nährwerte:

- Kalorien: 128 kcal
- Eiweiß: 21,7 Gramm
- Fett: 2,6 Gramm
- Kohlenhydrate: 3,6 Gramm

Für eine Person benötigen Sie:

- ✓ 80 Gramm Geflügel Hackfleisch
- ✓ 2 Kapern Beeren
- ✓ 2 Anchovis
- ✓ 1 Ei
- ✓ 1 EL Weizenkleie
- ✓ 1 EL Petersilie gehackt
- ✓ 1/2 TL Paprikapulver scharf
- ✓ 1 EL Ajvar
- ✓ Salz und Pfeffer

Zubereitung:

Kapern und Anchovis klein hacken und mit den restlichen Zutaten gut verkneten. Mit feuchten Händen kleine Kugeln formen und auf ein mit Backpapier ausgelegtes Backblech legen. Im Ofen auf der mittleren Schiene bei 170° Celsius für 20 Minuten backen. Sie können die Hackfleisch Minis auch im Airfryer oder in der Bratpfanne zubereiten.

Gefüllte Riesen-Champignons

Nährwerte:

- Kalorien: 164,1 kcal
- Eiweiß: 14,3 Gramm
- Fett: 10,2 Gramm
- Kohlenhydrate: 2,5 Gramm

Für eine Person benötigen Sie:

- ✓ 2 Riesenchampignons
- ✓ 4 EL Hüttenkäse
- ✓ 1 Eigelb
- ✓ 1 EL Petersilie gehackt
- ✓ etwas Majoran getrocknet
- ✓ 1 Prise Kümmel gemahlen
- ✓ Salz und Pfeffer
- ✓ 2 EL Parmesan fein gerieben

Zubereitung:

Die Champignons vom Stiel befreien und diesen sehr fein hacken. Mit dem Hüttenkäse, dem Eigelb, der Petersilie, dem Majoran, Kümmel, Salz und Pfeffer glattrühren und die Champignons damit befüllen. Mit Parmesan bestreuen und auf ein Backblech legen. Bei 180° Celsius auf der mittleren Schiene für 12 Minuten backen.

Schokoladen Quark

Nährwerte:

- Kalorien: 118,1 kcal| Eiweiß: 14,8 Gramm
- Fett: 1,6 Gramm
- Kohlenhydrate: 10,5 Gramm

Für eine Person benötigen Sie:

- ✓ 100 Gramm Quark
- ✓ 1 TL doppelt entölter Kakao
- ✓ 20 Gramm Banane
- ✓ 1 Spritzer Süßstoff
- ✓ 1 Spritzer Zitronensaft
- ✓ etwas Minz- Aroma
- ✓ 1 EL Heidelbeeren als Topping

Zubereitung:

Die Banane mit der Gabel zerdrücken und mit den restlichen Zutaten außer den Heidelbeeren glatt rühren. In einer Schüssel anrichten und mit den Heidelbeeren garnieren.

Auberginen überbacken

Nährwerte:

- Kalorien: 90,3 kcal
- Eiweiß: 5,7 Gramm
- Fett: 5,5 Gramm
- Kohlenhydrate: 3,8 Gramm

Für eine Person benötigen Sie:

- ✓ 2 Scheiben Auberginen 2 cm dick
- ✓ 1 Knoblauchzehe fein gehackt
- ✓ 2 EL Tomaten passiert
- ✓ Salz und Pfeffer
- ✓ 20 Gramm Mozzarella gerieben
- ✓ 2 schwarze Oliven ohne Kern

Zubereitung:

Die Auberginen mit Knoblauch bestreuen und mit den passierten Tomaten bestreichen. Salzen und pfeffern und mit Mozzarella und Oliven belegen. Auf ein Blech legen und bei 180° Celsius für 12 Minuten backen.

Low Carb Desserts - unsere Rezeptvorschläge für Sie

Beeren Muffins

Nährwerte:

- Kalorien: 657 kcal
- Eiweiß: 48,1 Gramm
- Fett: 45,1 Gramm
- Kohlenhydrate: 9,9 Gramm

Für vier Muffins benötigen Sie:

- ✓ 30 Gramm Butter
- ✓ 2 Eier
- ✓ 80 Gramm Mandelmehl
- ✓ 1/2 TL Weinstein Backpulver
- ✓ 2 EL Hüttenkäse
- ✓ 30 Gramm Brombeeren
- ✓ 30 Gramm Himbeeren

Zubereitung:

Die Butter schaumig schlagen und das Mandelmehl einrühren. Mit dem Backpulver und dem Hüttenkäse glattrühren und vorsichtig die Beeren unterheben. In vier Förmchen füllen und im Ofen bei 170° Celsius für 15 Minuten backen.

Low Carb Trifle mit Keksen und Maracuja

Nährwerte:

- Kalorien: 151,4 kcal
- Eiweiß: 6,2 Gramm
- Fett: 7 Gramm
- Kohlenhydrate: 14,9 Gramm

Für eine Person benötigen Sie:

- ✓ 10 Gramm Low Carb Kekse
- ✓ 2 Maracuja
- ✓ 2 EL Quark
- ✓ 20 ml geschlagene Sahne
- ✓ etwas Vanille Aroma

Zubereitung:

Die Kekse leicht zerbröseln und in ein Glas füllen. Die Maracujas mit dem Quark glatt rühren und darüber schichten. Die Schlagsahne mit der Vanille vermengen und ebenfalls ins Glas füllen. Das Trifle schmeckt eisgekühlt am besten.

Low Carb Panna Cotta

Nährwerte:

- Kalorien: 177,2 kcal
- Eiweiß: 3,5 Gramm
- Fett: 16,1 Gramm
- Kohlenhydrate: 3,2 Gramm

Für eine Person benötigen Sie:

- ✓ 50 ml Sahne
- ✓ 50 ml Mandelmilch
- ✓ 1 Messerspitze Vanille-Mark
- ✓ 1 Spritzer Süßstoff
- ✓ 2 Blatt Gelatine
- ✓ 1 Erdbeere

Zubereitung:

Die Gelatine einweichen. Die Sahne mit der Mandelmilch, der Vanille und dem Süßstoff einmal aufkochen. Die Gelatine ausdrücken und darin auflösen. In eine kleine Puddingform füllen, die Erdbeere würfeln und die Creme damit bedecken. Für 4 Stunden im Kühlschrank durchziehen lassen.

Low Carb Mürbteig-Kuchen

Nährwerte:

- Kalorien: 2478,2 kcal
- Eiweiß: 165,5 Gramm
- Fett: 165,3 Gramm
- Kohlenhydrate: 64,1 Gramm

Für einen Kuchen mit etwa 12 Stück benötigen Sie:

- ✓ 240 Gramm Mandelmehl
- ✓ 120 Gramm Butter
- ✓ 3 Äpfel
- ✓ 5 Eier
- ✓ 300 Gramm Quark
- ✓ 1 Messerspitze Zimt
- ✓ 2 EL Walnüsse gerieben
- ✓ Süßstoff
- ✓ Abrieb einer halben Bio Zitrone

Zubereitung:

Das Mandelmehl mit der Butter und einem Ei gut verkneten und auf 5 mm ausrollen. In eine Tarteform geben und den Rand etwas hochziehen. Die Äpfel fein hobeln und den Teig damit belegen. Die Eier mit dem Quark glattrühren, mit Zimt, Walnüssen, Süßstoff und Abrieb vermengen und über die Äpfel gießen. Im Ofen bei 170° Celsius für 45 Minuten backen.

Gratinierte Beeren und Pfirsiche

Nährwerte:

- Kalorien: 292 kcal
- Eiweiß: 12,3 Gramm
- Fett: 18,4 Gramm
- Kohlenhydrate: 17,3 Gramm

Für zwei Personen benötigen Sie:

- ✓ 70 Gramm Beerenmix frisch oder TK
- ✓ 1/2 Pfirsich
- ✓ 1 Ei
- ✓ 1 EL Cottage Cheese
- ✓ etwas Vanille Aroma
- ✓ etwas Süßstoff
- ✓ 3 EL Nüsse gerieben

Zubereitung:

Den Pfirsich klein würfeln und mit den Beeren in eine kleine Auflaufform geben. Das Ei mit dem Hüttenkäse glattrühren und mit Vanille und Süßstoff abschmecken. Die Nüsse einrühren und über den Früchten verteilen. Im Ofen bei 180° Celsius für 10 Minuten backen.

Traumhafte Schokoladen Muffins

Nährwerte:

- Kalorien: 723 kcal
- Eiweiß: 37,5 Gramm
- Fett: 58,7 Gramm
- Kohlenhydrate: 5,7 Gramm

Für vier Muffins benötigen Sie:

- ✓ 50 Gramm weiche Butter
- ✓ 2 Eier
- ✓ 3 EL Buttermilch
- ✓ 1 EL Kakao doppelt entölt
- ✓ 60 Gramm Mandelmehl
- ✓ 1 TL Weinstein Backpulver
- ✓ Süßstoff

Zubereitung:

Alle Zutaten für 5 Minuten kräftig durchrühren und in vier Muffin Förmchen füllen. Im Ofen bei 170° Celsius für 15 Minuten backen. Die Muffins halten im Kühlschrank 4 Tage frisch, können aber auch gut eingefroren werden.

Haferkleie Muffins mit Banane

Nährwerte:

- Kalorien: 702,1 kcal
- Eiweiß: 33 Gramm
- Fett: 32,4 Gramm
- Kohlenhydrate: 64,9 Gramm

Für vier Muffins benötigen Sie:

- ✓ 2 Eier
- ✓ 50 Gramm Kokosmehl
- ✓ 60 Gramm Haferkleie
- ✓ 1 TL Weinstein Backpulver
- ✓ 100 Gramm Joghurt
- ✓ 1 kleine Banane
- ✓ etwas Vanille Aroma
- ✓ 1 Prise Himalaya Salz
- ✓ 2 EL flüssige Butter

Zubereitung:

Die Banane mit der Gabel zerdrücken und mit dem Joghurt glattrühren. Mit den restlichen Zutaten vermengen und für fünf Minuten gut durchrühren. In vier Muffin Förmchen füllen und im Ofen bei

30 Tage Programm Tabelle

Platz für die Zusammenstellung des persönlichen 30 Tage Programms

Jeden Tag wählen Sie sich nun aus jeder im Buch angeführten Rubrik, außer den Desserts, ein Gericht aus. Sie können diese Tabelle als Unterstützung nutzen. Viel Erfolg!

1. Tag (Speisen, Buchseite) Dein Start Körpergewicht:	Dein Bauchumfang:
2. Tag	
3. Tag	
4. Tag	
5. Tag	

6. Tag
7. Tag
8. Tag
9. Tag
10. Tag
11. Tag
12. Tag
13. Tag
14. Tag

15. Tag   Körpergewicht Halbzeit: Bauchumfang:
16. Tag
17. Tag
18. Tag
19. Tag
20. Tag
21. Tag
22. Tag

23. Tag
24. Tag
25. Tag
26. Tag
27. Tag
28. Tag
29. Tag
30. Tag **Bravo, du hast es geschafft!** Dein Körpergewicht: Bauchumfang:

Impressum:

Auflage (Erstauflage 2018)

Umschlaggestaltung, Illustration:

ILM Beratungs und Vertriebs Ltd.

Lektorat, Korrektorat: *ILM Beratungs und Vertriebs Ltd*.

Kontakt: bksl@gmx.at

Taschenbuch

KDN-ISBN: 9781982928315

Risiko-Hinweis und Haftung

Empfehlungen, Charts und Tabellen für verlässlich, jedoch können wir keine Garantie für Richtigkeit und Aktualität übernehmen. Die Inhalte in diesem Werk sind nach bestem Gewissen verfasst, wir halten unsere Quellen für verlässlich, aber auch hier können wir keine Garantie auf Richtigkeit und Aktualität geben. Die Informationen geben lediglich einen Einblick in die Meinung der Verfasser.

Haftungsausschluss

Die Inhalte wurden mit größtmöglicher Sorgfalt erstellt. Der Autor übernimmt jedoch keine Gewähr für die Richtigkeit und Vollständigkeit der hier befindlichen Informationen sowie bereitgestellten Inhalte.

Urheber- und Kennzeichenrecht

Bei den Inhalten die erstellt wurden, werden die Urheberrechte Dritter beachtet. Insbesondere werden Inhalte und Rechte Dritter als solche gekennzeichnet.

Sollte der Nutzer trotzdem auf eine Urheberrechtsverletzung aufmerksam werden, bitten wir um einen entsprechenden Hinweis. Bei Bekanntwerden von Rechtsverletzungen werden wir derartige Inhalte umgehend entfernen.

Etwaige Bilder und Grafiken: Privatarchiv, Pixabay.com, shutterstock, iconfinder.com

29869784R00090

Printed in Poland
by Amazon Fulfillment
Poland Sp. z o.o., Wrocław